# 아이들은 자꾸 어려운 질문을 한다

해질녘 스쿨 02

아이들은 자꾸 어려운 질문을 한다
말문이 막히는 어른들을 위한 철학상담소

초판1쇄 펴냄 2022년 11월 30일

**지은이** 이한진, 김완수
**펴낸이** 유재건
**펴낸곳** (주)그린비출판사
**주소** 서울시 마포구 와우산로 180, 4층
**대표전화** 02-702-2717 | **팩스** 02-703-0272
**홈페이지** www.greenbee.co.kr
**원고투고 및 문의** editor@greenbee.co.kr

**편집** 이진희, 구세주, 송예진 | **디자인** 권희원, 이은솔
**마케팅** 육소연 | **물류유통** 유재영 | **경영관리** 유수진

ISBN 978-89-7682-696-1 03160

學問思辨行: 배우고 묻고 생각하고 판단하고 행동하고
독자의 학문사변행을 돕는 든든한 가이드 _그린비 출판그룹

**그린비** 철학, 예술, 고전, 인문교양 브랜드
**엑스북스** 책읽기, 글쓰기에 대한 거의 모든 것
**곰세마리** 책으로 크는 아이들, 온가족이 함께 읽는 책

# 아이들은 자꾸
# 어려운 질문을 한다

**말문이 막히는
어른들을 위한
철학상담소**

이한진·김완수 지음

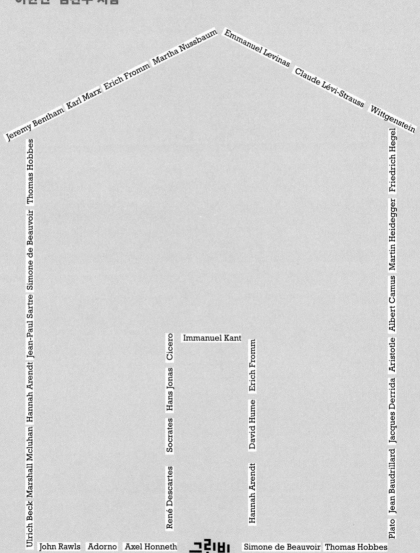

그린비

# 머리말

지식도 인스턴트 시대입니다. 최근 가장 인기 있는 TV 프로그램은 무엇일까요? 어느 경로로 이동해야 가장 빠르게 도착할 수 있을까요? 스마트폰 사용이 일상화된 오늘날에는 궁금한 게 있으면 언제든지 손쉽게 원하는 정보를 얻을 수 있습니다. 인터넷에는 지극히 사소한 정보부터 각계 전문가의 연구 결과가 담긴 저널까지 없는 게 없지요. 어지간해서는 몇 번의 손가락 터치만으로 정답을 찾을 수 있습니다.

살면서 느닷없이 의문이 드는 순간이 있습니다. 그런데 그처럼 우연히 출현하는 질문들에는 명쾌한 답이 존재하지 않는 경우가 대부분입니다. 지식의 단편적 소비에 익숙한 사람은 정답이 없는 질문에 당혹감을 느낍니다. '나는 누구인가?' 어디를 뒤져 봐도 답을 찾을 수 없습니다. 나에 대한 지식은 소비되는 게 아니라 생산되기 때문이지요. '자기 지식'은 아무리 기존의 지식을 담고, 찾아보고 정리해 본들 경험될 수 있는 게 아닙니다. 오로지 나의 실존적 고민과 삶의 의미를 탐구하는 과정에서 끊임없이 창조되는 것입니다.

효율성을 강조하는 사회 분위기 속에서 사람들은 안타깝게도 점점 더 답 없는 질문의 기회를 잃어 가고 있습니다. 무한 경쟁으로 내몰린 개인이 생존의 문제와 물질적 향유에 집착하게 되면서 사회는 더욱 각박해지고 개인은 고립되었습니다. 일상성에 함몰된 채 무미건조한 삶을 반복한다면 우리 자신에 대한 지식은 생성될 수 없습니다. 질문이 부재한 삶은 정지된 삶과 같습니다. 행복하게 살고 싶다면 자기 앞에 던져지는 낯선 질문들을 외면하지 말아야 합니다.

우리는 각자의 고독으로부터 벗어나기 위해서라도 질문이 필요합니다. 질문을 통해서 그동안 일상이라고 여겼던 일, 진부하게만 바라보던 사물이 낯설게 느껴지고 이전에는 보지 못했던 의미를 발견할 수 있어요. 이것은 전적으로 다른 경험이며, 한편으로는 다른 시각, 다른 지향을 가진 '나'의 창조입니다.

일상성과 거리를 두고 사유하는 일의 다른 말은 '철학을 한다'입니다. 그런데 보통 삶에서 '철학함'으로 진입하는 순간은 나의 질문이 원인이 되는 경우도 있지만, 타자가 계기가 되기도 합니다. 자신이 갖고 있던 기존의 관념을 스스로 낯설게 바라보는 것이 불가능하지는 않지만, 여간해서는 쉽지 않습니다. 선입관이나 고정관념이 그러한 예지요. 오히려 자신보다는 다른 사람에 의해 낯섦의 세계에 쉽게 들어갈 수 있습니다. 타자는 내가 아니며, 그 사실 자체만으로 이미 나와 다르게 사태를 마주하는 존재이기 때문입니다.

타자 중에서도 어린아이는 우리를 순수하면서도 경이로운 세계로 초대할 수 있습니다. 실제로 아직 때 묻지 않은 그들이 던지는 돌발 질문에 말문이 막히는 경우가 있습니다. "사람은 죽으면 어디로 가요?" 막상 아이가 이렇게 묻는다면 우물쭈물 망설일 공산이 큽니다. 어른도 답을 알지 못할뿐더러, 평소 그런 질문과 담쌓고 사는 입장에서는 지혜롭게 대처하기도 어렵지요. 사실 더 놀라운 건 아이들이 철학을 하고 있다는 점입니다. 그리고 아이의 순수한 사유가 어른들을 세계에 대한 낯섦과 마주하도록 만듭니다. 아이들에게서 배운다는 게 틀린 말이 아닌 것이죠.

한편, 답을 알 수 없는 아이들의 질문에 지혜로운 어른이라면 어떻게 대처해야 할까요? 죽음에 관해서 묻는 아이에게 "뭔 재수 없는 소리야"라거나 "땅에 묻히잖아"라고 경솔하게 답하는 것은 아이의 사고를 죽이는 일입니다. 어른들에게 철학할 수 있는 역량이 필요한 이유입니다.

대학원에서 석박사 과정을 거치며 윤리학과 철학을 공부하고 있는 저자들로서도 아이들의 질문에 쉽게 답하지 못하는 상황에 직면하곤 합니다. 이 책은 바로 이러한 문제 인식을 가진 두 사람이 의기투합하여 탄생했습니다. 아이에게 답을 줄 수 없다는 막막함에 대한 자조 섞인 고백과 함께, 뭐라고 말해 주는 것이 그나마 지혜로운 어른의 모습일까를 고민했습니다.

이 책은 철학자와 부모의 만남을 주선하고 있습니다.

저자의 개인적인 생각보다는 저명한 철학자들의 말과 글을 소개함으로써 어른 독자의 철학적 소양을 넓히는 방향에서 기술하였습니다. 분명한 점은 단순히 독자 여러분에게 자녀 교육을 위한 일종의 가이드를 제공하는 것만이 아니라, 한 인간으로서 자기 삶을 관조하고 일상에서 부딪치는 질문과 관련하여 사유의 지평을 넓혀 주는 데 목적이 있다는 것입니다. 물론 아이의 질문에 대해 독자 나름의 대답을 찾아 가는 데에도 도움이 되리라 봅니다. 다만, 이 책이 아이의 질문에 대한 명쾌한 답을 제시하는 것은 아닙니다. 정답 없는 질문에 정답을 제시하고 있다고 말한다면 거짓말이겠지요. 만약 그런 답을 원한다면 심리학자나 과학자를 찾아가는 게 맞을 겁니다.

좋은 어른은 아이에게 정답을 제공한다기보다 좋은 생각을 함께 나눕니다. 이 책의 본문은 아이들이 던질 수 있는 27가지의 철학적 질문과 관련하여 어른들의 언어로 이야기하고 있습니다. 각각의 주제는 아이들이 질문과 고민에 빠지는 순간을 알기 쉽게 담은 조각 글로 시작합니다. 아이들의 목소리로 전달하기 위해서 아이의 독백, 일기 형식을 취했습니다. 생동감 있는 아이의 질문에 매료되거나 맞장구를 치는 독자라면 이후의 이야기로 쉽게 진입할 수 있을 겁니다. 철학을 하는 일은 모든 이의 일상에서 실천되어야 하므로 철학자들의 말은 되도록 쉽게 풀어내려고 노력했습니다. 철학자와의 만남이 다소 생소한 분들의 이해를 돕기 위해서

군데군데 영화를 예로 들었습니다. 글을 읽고도 갈증이 가시지 않는 독자를 위해 일부 주제의 말미에는 '더 생각해 보기'를 두어 함께 읽으면 좋은 책을 소개하였습니다.

어른의 사유의 폭에 따라 아이들의 그것도 달라지게 마련입니다. 자라나는 아이들의 세계는 단지 어른이 만들어 놓은 세계가 아닙니다. 어른들과의 대화에서 긍정적 혹은 부정적 영향을 받은 아이들이 직접 만들어 가는 세계이죠. 어른들이 어떻게 세상을 바라보고, 어떻게 아이와 대화하느냐에 따라 아이들의 세계는 천차만별로 전개될 수 있습니다. 일상에서 어른들이 아이와 함께 철학할 수 있기를 소망해 봅니다.

2022. 11.

이한진, 김완수

차례

# 2부　사회와 정의

## 3부 생각과 언어

# 1부
# 존재와 자유

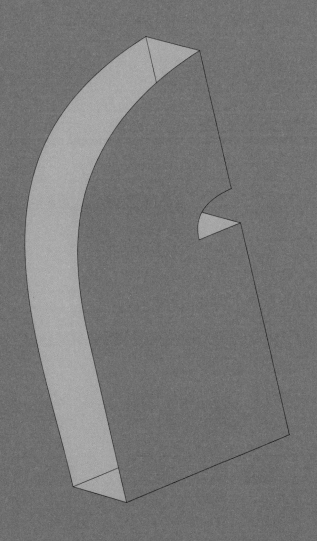

# 그저 그런 무기력한 하루

## —우리가 부조리를 마주할 때

### ● 질문이 시작되는 순간

이런 게 우울증일까? 아무것도 하기가 싫고, 뭘 해도 재미가 없다. 가만히 있는 것보다는 낫다는 생각으로 유튜브를 보지만 재미가 있어서 보는 건 아니다. 학교 끝나면 학원에 가고, 집에 와서 밥 먹고 쉬다 보면 또 다음 날. 와, 이렇게 살다가 어른이 되는 건가? 어른이 되어서도 이렇게 살다 끝나는 건가? 생일날 애들끼리 장난으로 "왜 태어났니~" 하는 게 이제 농담 같지가 않다. 나 정말 왜 태어난 거지? 하루하루가 지루하고 사는 게 허무하다.

### 반복되는 일상, 권태

픽사의 애니메이션 「소울」은 사고를 당해 태어나기 전의 세상으로 떨어진 '조'와 그곳에서 만난 영혼 '22'의 이야기입니다. 지구통행증을 얻기 위해서 각자가 자신만의 불꽃을 찾아야 하는데, 영혼 '22'는 수많은 멘토들이 거쳐 갔음에도 불꽃을 찾지 못했죠. 그렇게 삶의 의미를 찾지 못한 채 다소 냉소적으로 살아가던 영혼 '22'는 조의 몸으로 들어가면서부터 우리가 흔히 일상이라고 여기는 삶을 경험합니다. 그는 하늘을 보고, 음식을 먹고, 거리를 걸으면서 행복을 느끼는 데요, 결국 그가 그토록 찾던 불꽃은 대단하고 특별한 무엇이 아니라 우리의 일상과 각자의 존재 자체에 있다는 메시지를 전합니다. 「소울」의 '22'처럼 삶의 의미를 발견하지 못하고 허무라는 덫에 걸려 현기증을 일으키는 순간에도 우리는 자신의 의식 뒤로 숨지 말고 삶의 한가운데서 자기 몸을 지탱할 수 있어야 합니다. 월화수목금토일, 반복되는 일과에 허무하고 지루해서 지극히 우울한 순간에도 말이죠.

아침에 일어나서 학교에 가거나 출근을 하고, 어제와 다를 것 없는 비슷한 하루를 반복하다 보면 삶이 덧없게 느껴지는 날이 있습니다. 어떻게든 의미를 찾고 재미를 찾아보려고는 하지만 '죽을 때까지 내가 하는 일이 이게 다라는 말인가?' 생각하면 아찔합니다. 산다는 게 너무 허무합니다. 그래서 누군가는 술에 기대기도 하고, 계속해서 사람들과 만남으로써 어떻게든 재미와 흥분을 만들어 내기도 합니다. 취미 생활을 열심히 하기도 하고 여행이나 캠핑을 하기도 할 텐데, 이런 방법들의 공통점은 하나같이 회피 기제가 스며들어 있다는 점입니다. 자기 밖으로 도주를 하는 거죠.

일상에서 우리가 만나는 세계는 대부분 나의 인식으로 이해될 수 있는 세계입니다. 아주 생경한 현상을 목격했더라도 어지간해서는 내가 가진 개념의 틀로 이해가 가능하고, 혹시나 그래도 어렵다면 새로운 개념을 습득하고 배우며 세계를 이해하려고 하죠. 이렇게 나와 세계를 통일시키

아이들은 자꾸 어려운 질문을 한다

는 것은 인간에게 지극히 일반적인 모습이지만, 여기에 익숙해지면 삶을 관성적으로 살게 되기도 합니다. 그런데 문득 모든 게 낯설게 느껴지는 때가 옵니다. 나의 행위 의도와 현실 사이에서 메울 수 없는 불균형을 경험할 때가 그렇습니다. 좀 더 구체적으로 말하자면, 그동안에 자신이 축적한 개념으로는 자신과 세계 사이에 도저히 합일을 이룰 수 없는 사태와 마주할 때 우리는 무력감 같은 것을 느끼게 됩니다. 한편 이것은 내가 세계와의 대립 속에서 모순에 빠진 상황으로도 볼 수 있는데요, 이때 인간은 마치 황량한 사막과 같은 부조리를 경험합니다.

## 카뮈와 부조리

소설 『페스트』로 노벨문학상을 수상한 알베르 카뮈는 무신론적 실존주의 철학자로 알려져 있습니다. 그는 문학을 통해서 자신의 반항 철학을 전개한 사람이죠. 그중에서도 특히 『시지프 신화』에서 부조리에 대한 자신의 철학적 사유를 소개하고 있습니다. 그가 말한 부조리란 합리성을 추구하는 인간과 비합리성의 세계 사이에 존재하는 대립 상태로서 실존주의 철학에서는 인생의 무의미, 허무성 등을 의미합니다. 카뮈에 따르면, 인간은 누구나 부조리 속에서 살아가죠. 인간이라면 모두 허무함 속에서 산다니? 그럼 어떻게 살아야 하는지 의문이 생깁니다. 이에 대해서 종교적 희망이나 자살로 대응해서는 안 된다는 것이 카뮈의 입장인데요, 종교에 기댄 희망은 비약이며, 자살은 일종의 현실 도피이기 때문이라고 말합니다. 부조리에 대한 귀결로서 카뮈가 제안한 것은 반항, 자유, 열정이었습니다. 삶의 부조리 앞에서 우리가 명철한 의식을 토대로 그것에 끊임없이 반항하면서 치열하게 자기 삶을 살아갈 때 비로소 행복할 수 있다고 말하면서요.

그런데 부조리는 언제 생기고 우리는 그것을 언제 어떻게 경험할까요? 평소에는 자기 또는 자신을 둘러싼 세계에 대해 별 의심 없이 지내다가도 막상 어떤 의문이 들고 나면 쉽사리 답을 구하지 못하고, 나와 세계 사이에 화해할 수 없는 지점이 있음을 자각할 때가 있습니다. 카뮈는 이러한 단절의 감정을 부조리로 해석했죠. 따라서 부조리는 일종의 이혼, 즉 절연입니다. 부조리의 감정은 어떤 사실 또는 인상에 대해 생기는 단순한 의견이나 느낌이 아닌 것이죠. 어떤 하나의 사실과 일정한 실제 현실 사이의 비교, 어떤 행동과 그것을 초월하는 세계 사이의 비교 속에서 생겨나는 부조리의 감정은 그렇기 때문에 누구에게든 불현듯 솟아오를 수 있습니다. 그러한 감정이 찾아온다면 우리는 그 속에 살 수밖에 없죠.

이에 대응하는 방식은 사람마다 다양할 텐데요. 카뮈는 자살을 소재로 설명해 내고 있습니다. 자살이야말로 '삶의 의미'와 직결된 철학적 주제이기 때문입니다. 사실, 죽음처럼 부조리한 사건도 없을 겁니다. 죽음은 우리가 살아서는 결코 이해할 수 없는 일이지요. 그래서 우리가 죽음을 대면하는 일은 일종의 부조리에 대한 경험이라고 볼 수 있습니다. 자살은 이런 부조리의 상황에 빠진 나를 죽음으로 끌고 가는 것과 같습니다. 대개 자신의 삶을 살 만한 가치가 없다고 판단하는 사람들이 자살을 택하지만, 삶의 의미를 찾지 못했다고 해서 필연적으로 그것을 정지시킬 명분 같은 것이 우리에게 존재하지는 않습니다.

일찍 우리 곁을 떠난 예술가나 작가들을 흠모하며, 삶의 의욕 없음을 일종의 패션으로 소비하는 문화가 있는 것 또한 사실입니다. 하지만 우리가 살면서 의미를 만들어 가고 자신을 확장할 수 있는 존재들이라는 사실을 받아들인다면 삶의 허무함과 화해하는 법도 익힐 수 있지 않을까요?


## 반항하는 인간

부조리가 인간이 겪어야 할 필연적인 사태라면, 우리는 그와 만나는 매 순간 어떻게 살아야 하고 어떤 선택을 해야 할까요? 앞서 종교에 자신을 맡기는 것도 바람직하지 않다고 한 카뮈의 말을 기억하시나요? 부조리를 마주한 인간이 할 수 있는 최선의 태도는 남김없이 자신의 인생을 다 소진하고 자기가 가진 전부를 마지막까지 열정적으로 쏟아붓는 것입니다. 우리가 당면한 것은 현재 내가 서 있는 여기에서의 삶이니 말이지요.

현실에서 대단한 인생의 의미 같은 것을 찾아야 한다는 강박에서 벗어나야 합니다. 카뮈가 그의 소설에서 이야기하고자 한 부조리에 대한 각성은 결국 인간을 행복으로 나아가게 하려는 메시지가 아니었을까요? 삶의 일상성 속에 찾아온 권태감에 머물 게 아니라, 내게 부조리를 형성하고 있는 대립되는 두 항 사이에서 포기하지 않고 끊임없이 승부를 겨루며 세계를 매 순간 재고할 대상으로 문제 삼아 보는 것, 카뮈가 '반항'이라고 부른 이것을 우리도 매일같이 해야 하지 않을까 싶습니다. 살면서 물론 타협은 필요하겠지만, 우리는 근본적으로 반항하는 인간이 되어야 합니다. 자기 힘으로 생각하지 않고 종교에 기대는 철학적 자살이나, 허무를 이유로 아무것도 하지 않는 권태를 넘어 자신과 세계와의 불화를 직면하고 문제 삼는 인간만이 진실로 '자신의 삶을 산다'고 할 수 있을 테니까요.


삶에 대한 몸부림: 성실성

인간에게 미리 정해진 운명이 있을까요? 신들로부터 바위를 산꼭대기까지 끊임없이 굴려 올리는 형벌을 받은 시지프의 신화를 떠올려 봅시다. 시지프는 산 정상에 바위를 올려놓지만, 육중한 무게 때문에 바위는 이내 다시 굴러떨어집니다. 그리고 그는 굴러떨어진 바위를 재차 올려놓아야만 합니다. 희망이 보이지 않고, 아무것도 성취할 수 없는 무의미한 일을 죽을 때까지 해야 하는 시지프는 엄청나게 무서운 형벌을 받은 셈이지요.

그런데 정상에 바위를 올려놓고 내려올 때의 시지프 모습을 상상해 보세요. 카뮈에 따르면, 이때의 시간은 힘들게 바위를 올리는 일에 열정을 쏟아부을 때와 다르게 의식이 찾아오는 시간입니다. 의미를 알 수 없는 일에 몰두해야만 하는 부조리의 사태를 자각한 시지프에게 삶의 선택지는 고통 속에서 무의미한 일을 반복하거나, 아니면 삶을 포기하는 것밖에 없는 걸까요? 아닙니다. 시지프는 신들을 경멸할 수도 있고 자기를 포기할 수도 있지만, 자신에게 내려진 부조리한 형벌을 스스로 받아들이고, 절망을 뛰어넘습니다.

우리는 시지프가 바위를 밀어 올리는 모습이 아니라, 바위를 산꼭대기로 밀어 올리기 위해 다시 계곡 아래로 내려오는 모습에 주목할 필요가 있습니다. 그가 아래로 내려가면서 드는 의식의 순간순간은 시지프 자신을 '운명적인 형벌을 받고 있는 가엾은 자'에서 '생성과 긍정의 에너지가 넘치는 능동적인 행위자'로 전환시키는 순간입니다. 이때 시지프는 '바위를 끊임없이 굴려 올려야 하는' 자신의 운명보다 더 우월한 위치에 서게 됩니다. 즉, 시지프가 굴러떨어진 바위를 다시 산꼭대기로 밀어 올리는 일이야말로 자신의 운명에 적극적으로 반항하는 삶입니다. 그런 의미에서 시지프는 우리에게 신들을 부정하며 바위를 들어올리는, 한 차원 높은 성실성을 가르쳐 줍니다.

시지프에게는 돌의 부스러기 하나하나, 어둠 가득한 산의 광물적 광채 하나하나가, 그것만으로도 하나의 세계를 형성합니다. 중요한 것은 사물의 근본에까지 거슬러 올라가 천착하는 일보다는, 내 눈앞의 세계가 곧 현실이기에 먼저 이 세계 속에서 어떻게 행동해야 하는가를 아는 일입니다. 산 정상을 향한 투쟁 그 자체가 이미 인간의 마음을 가득 채우기에 충분한 셈이죠.

어떤가요? 반항하는 삶이 꽤 멋있게 보이죠? 시지프의 선택이 포기와 수용이 아니라 반항인 이유를 이해하게 될 때 우리는 다른 차원의 삶과 사유에 도달할 거라 생각합니다. 지금 당장 받아들이지 못하더라도, 반항은 인간 생존의 본질적 방식이라는 것을 기억하면 좋겠습니다. 그리고 반항하는 사람은 아름답다는 것도요.

## 더 생각해 보기

사무엘 베케트의 『고도를 기다리며』는 노벨문학상 수상작으로서 블라디미르와 에스트라공 두 사람이 '고도'(Godot)라는 실체 없는 인물을 기다리는 희곡입니다. 고도에 대해서 전혀 아는 게 없음에도 무작정 기다리는 그들을 우리는 어떻게 바라보아야 할까요? 더욱이, 무의미해 보이는 대화와 함께 기다림은 반복됩니다. 만약 여러분의 삶이 막연하고 무익한 순간에 빠져 있다고 느껴진다면 어떻게 하겠습니까? 벗어나고 싶지 않을까요? 도대체 고도가 무엇이길래 블라디미르와 에스트라공은 그것을 기다려야만 하는 것일까요? 그리고 그들로 하여금 고도를 하염없이 기다리게 만드는 원동력은 무엇일까요?

# 죽는다는 것에 대하여

## ─ 모두에게 처음인 죽음

### ● 질문이 시작되는 순간

지난주에 할아버지께서 돌아가셨다. 장례식을 치르고 나는 오늘부터 학교에 다시 가기 시작했다. 아빠는 아직도 힘들어하신다. 할아버지는 할머니가 돌아 가신 뒤 혼자가 되고부터 우리와 함께 사셨다. 우리 집은 맞벌이 가정이라서 초등학교 2학년 때까지만 해도 나는 할아버지의 손 아래 자랐다. 나와 놀아 주 시고, 공부도 도와주시고, 비가 오는 날에는 손주가 비를 맞을까 걱정되어 우 산을 챙겨서 학교로 오셨던 할아버지다. 아빠가 가족 앨범을 꺼내셨다. 가족 여행 때 할아버지가 내 손을 잡고 찍은 사진이 눈에 들어왔다. 순간 울컥했다. 할아버지가 보고 싶다. 엄마는 그런 나와 아빠를 보며 할아버지는 하늘나라에 서 할머니를 만나 행복하게 지내고 계실 거라며 위로하셨다. 정말 그럴까? 죽 으면 모든 게 끝나니까 땅에 묻히는 거 아닌가?

## 죽음과 영혼

우리는 사람이 죽었을 때 '돌아가셨다'는 표현을 쓰곤 합니다. 여기서 죽은 사람이 돌아갈 장소는 보통 하늘을 의미합니다. 하늘나라, 즉 천국이지요. 고인의 시신을 마주하고, 장례식이 끝난 후 땅속에 매장되거나 화장되어 강이나 산에 뿌려지는 모습을 보고도 우리는 '돌아갔다'고 말합니다. 그리고 '고인의 명복을 빕니다'라고까지 말하지요. 이것은 우리가 죽음 이후에도 무엇인가가 있다고 여기기 때문입니다. 비록 육체는 땅에 묻히지만, 육체와는 다른 성격의 무엇이 하늘로 돌아간다고 보는 거지요. 이때 떠올릴 수 있는 개념이 바로 영혼입니다. 종교를 믿든, 믿지 않든 간에 고인을 추모하며 명복을 비는 일은 육체와 영혼의 분리를 전제로 영혼의 불멸을 긍정하는 것이라고 볼 수 있습니다. 물론 단지 의례적으로 하는 말일 뿐이라고 주장하는 사람도 있겠죠.

문제는 우리가 죽음 이후를 증명해 보일 수 없다는 사실입니다. 영혼은 눈에 보이지 않을뿐더러, 영혼의 유무를 확인하려 해도 죽은 사람이 아직 살아 있는 사람들에게 영혼이 있다는 사실을 전달할 방법이 없습니다. 영혼과 죽음의 문제는 내가 죽어서 확인할 수밖에 없는 노릇입니다.

죽음은 모두에게 언젠가는 닥칠 일이지만, 적어도 당장은 맞닥뜨리고 싶지 않은 사건인 것만은 분명합니다. 이는 죽음과 동시에 내 삶의 모든 게 끝이 난다고 여겨지기 때문인데요. 정말 그럴까요? 경험하지도 않고 어떻게 그렇게 단정 지을 수 있나요? 자아의 종말은 단지 우리가 발 딛고 사는 현세에서의 종말입니다. 물론 이조차도 타인의 죽음을 통해서만 이해된 것에 불과하지요. 그래서 플라톤의 스승인 소크라테스는, 감각 지각을 통해서는 참된 존재들에 대한 앎에 결코 도달할 수 없다고 말했습니다.

아이들은 자꾸 어려운 질문을 한다

죽음을 순전히 모든 것이 무(無)로 돌아가는 사태로 이해하는 사람이라면 아마도 죽음 직전까지의 삶만 고민할 것입니다. 어떤 사람은 '어차피 한 번 사는 인생인데 최대한 즐기면서 살자'고 마음먹고 쾌락만을 추구하며 살지도 모릅니다. 그것을 자유로운 삶이라고 여기면서 최소한의 지킬 것만 지키는 사람도 충분히 있을 수 있습니다.

그러나 우리는 죽음에 대해서 무지할 수밖에 없는 조건 속에서 삶을 살고, 그 때문에 죽음 앞에서 무력합니다. 이것이 바로 인간이 죽음을 무서워하는 이유입니다. 그러나 만약 죽음 이후가 있다면, 아무래도 현재를 '잘 산' 사람에게 축복이 있을 거라는 기대를 하기도 합니다. 여기에는 죽음 전후로도 '나'의 영혼이 지속되는 상태라는 믿음이 있습니다.


## 플라톤과 영혼의 정화

고대 그리스 철학자 플라톤은 30편에 달하는 대화편을 썼습니다. 그중 『파이돈』은 소크라테스와 그의 벗들이 영혼과 육체에 대해 나눈 대화를 기록한 책입니다. 구체적으로 말하자면, 육체와 영혼에 대해 이원론적 관점을 취하면서 영혼의 불멸, 윤회를 심도 있게 논의합니다. 플라톤은 현세를 살아가는 인간의 상황을 육체에 영혼이 갇혀 있는 것으로 묘사합니다. 영혼은 본성에 걸맞은 지성적인 능력을 발휘해야 하지만, 육체의 방해로 인하여 본래의 모습을 유지하기 어렵거니와 늘 타락할 위험에 놓여 있습니다.

플라톤은 육체로부터 영혼이 해방되고, 우리가 윤회의 굴레에서 벗어나기 위해서 영혼의 정화를 말하고 있는데, 이는 죽음에 대한 연습으로서 '일상에서 철학하며 사는 삶'과 다르지 않습니다. 만약 인간이 죽음과 동시에 물질로서의 육체는 땅에 흩어지고, 영혼은 살아서 하늘로 돌아가는 것이라면, 우리는 마땅히 영혼을 돌봐야 합니다. 아름답게 가꾼 영혼이라야 하늘에서도 행복할 수 있기 때문입니다. 그런데 플라톤은 육체의 옷을 입은 우리의 일상이 욕망에 이끌려 줄곧 더럽혀지곤 한다고 말합니다. 천민자본주의와 황금만능주의가 만연한 사회에서 살고 있는 우리의 모습을 생각하면, 쉽게 이해되는 지점입니다.

감각을 통해 얻는 온갖 즐거움은 우리가 진정한 앎으로 나아가는 일을 방해합니다. 그에 따르면, 인간은 육체적 쾌락에 매어 있을 때 '이데아'라는 참된 모습에 다가가기 어렵습니다. 많은 영화나 드라마에서 인물들이 타락하는 과정을 보면, 대체로 욕망을 살피지 못하고 더더더!를 외치다가 파멸에 이르곤 하죠. 플라톤의 말처럼 오로지 순수한 영혼만이 참된 세계에 도달할 수 있다고 할 때, 물질성을 띤 인간이 의지와 노력만으로는 쉬이 극복할 수 없는 욕망의 굴레를 벗어나 참된 삶을 사는 것은 과연 가능할까요? 가능하다면 어떻게 가능할까요?

영화 「신과 함께─죄와 벌」은 인간이 죽은 뒤 저승길의 7개 지옥문에서 환생을 위해 재판을 받는다는 상황을 설정하고 있습니다. 지옥에서 주인공 '자홍'은 엄마의 죽음에 대한 책임으로 염라대왕으로부터 처벌받게 됩니다. 이때 '자홍'은 어떠한 벌이라도 받을 테니, '잘못했다'라고 말씀 드릴 수 있도록 엄마를 다시 한 번만 보게 해달라 애원합니다. 이 말을 들은 염라대왕은 '자홍'에게 "살아서 못 한 일을 죽어서 해보겠다고? 난 이미 네놈에게 충분한 시간을 주었다! 무려 15년이나 말이다"라고 말하죠.

죽기 전, 지금 여기에서 좋은 사람이 되어야 한다는 것을 우리는 어떤 결정적인 순간에야 혹은 이미 너무 늦은 다음에야 깨닫고는 합니다. 플라톤의 말을 따른다면, 우리는 죽음 이전, 지금부터 영혼과 육체의 지나친 쾌락 사이에 거리를 두는 수련을 해야 합니다.

## 죽음에 대한 연습

한편으로, 삶은 죽음에 대한 연습입니다. 매 순간 죽음을 준비하며 육체적 욕망에 맞서 영혼을 더럽히지 않기 위해 노력한다는 측면에서 '영혼의 정화'라고 할 수 있습니다. 플라톤은 인간이 진정으로 참된 인식에 도달하기 위해 영혼을 신체적인 것, 물질적인 것, 감각적인 것으로부터 분리시켜야 한다고 말합니다. 육체와 영혼의 분리에 애쓰는 일은 죽음을 준비하는 것과 같습니다. 우리는 일상에서 육체적 욕망에 지배되는 것을 경계하며 끊임없이 영혼을 돌봐야 합니다. 이런 삶을 사는 사람은 진정으로 철학하며 사는 것이라고 볼 수 있습니다.

소크라테스가 죽음을 맞이하는 상황을 떠올려 보세요. 그는 죽음이 영혼의 몸으로부터의 해방을 의미한다고 생각했기에, 죽음을 앞에 두고서도 결코 노여워하지 않았습니다. 참된 존재에 대한 앎을 추구하는 사람이라면 전 생애에 걸쳐 죽음의 상태를 열망하는 셈인데, 막상 죽음이 닥쳐왔을 때 그것에 노여워한다는 건 지극히 우스꽝스운 일이기 때문입니다. 그렇다고 일부러 죽음을 앞당기는 일 또한 나쁜 짓입니다. 죽음에 대한 연습은 사는 동안 꾸준히 이어 가야 하는, 우리에게 주어진 중요한 과제이죠.

어떤 사람은 죽음 이후를 걱정하며 신에게 의지하기도 합니다. 사실, 영혼의 유무조차 확인할 수 없는 마당에, 죽은 뒤에 영혼이 지옥으로 갈지 천국으로 갈지는 더더욱 알 수 없는 노릇입니다. 종교는 믿음을 통해 우리에게 구원을 약속해 주고 이는 물론 우리에게 위안을 줍니다. 하지만 죽음에 대한 공포와 숙고를 직면하지 않음으로써 철학적 사유의 기회가 그만큼 줄어들게 되는 것은 아닐까요?

죽음에 대한 공포로부터 비롯되는 인간의 고뇌는 참된 삶의 지향과 전혀 별개가 아닙니다. 우리는 죽음에 대해 생

아이들은 자꾸 어려운 질문을 한다

각하면서 비로소 사는 법을 배웁니다. 삶에 대한 깊은 성찰도 죽음에 대한 명료한 의식과 반성에서 일어나니까요.

여기서 중요한 점은 죽음을 생각하고 연습해야 한다고 할 때, 그것이 꼭 나의 죽음만을 가리키지는 않는다는 겁니다. 우리는 자기 자신의 죽음은 경험할 수 없지만, 타인의 죽음을 목격하면서 슬픔이라는 감정과 별개로 이성적인 차원에서 자기 삶을 들여다보게 됩니다. 죽기 전의 삶과 세간의 평을 토대로 고인이 가치 있는 삶을 살았는지 생각하게 되며, 그것을 통해 현재의 자기 삶은 어떤지 반추합니다. 타인의 죽음을 통한 죽음의 간접 경험은 각자에게 죽음에 대한 나름의 표상을 형성하고, 그것이 나의 실제 삶에 영향을 주는 것입니다. 영혼의 정화. 잊지 마세요. 죽음 이후를 생각한다면, 현재의 삶을 아름답게 가꾸어 나가야 합니다.

올리버 색스의 『고맙습니다』는 작가인 그가 실제로 예고된 죽음 앞에서 초연한 태도로 일관하며 살아가는 모습을 진솔하게 담고 있습니다. 비록 차분한 어조로 쓰인 네 편의 글을 엮은 짧은 책이지만, 죽음을 단지 부정적으로만 바라보지 않고, 죽기 전까지 삶을 더욱 아름답게 가꿔 나가는 그의 태도가 존경스럽습니다. 올리버 색스가 자신이 살아오면서 인연을 맺었던 존재들에게 감사하는 마음을 표현하는 대목은, 현재 나의 삶을 비관하거나 불평만 늘어놓는 사람들에게 깊은 울림을 줄 것입니다.

아이들은 자꾸 어려운 질문을 한다

# 결혼은 꼭 해야 하나요?

● **질문이 시작되는 순간**

드라마에서 불행한 결혼 생활을 하는 주인공들을 보며 "나는 절대 결혼 안 해
야지"라는 말이 나도 모르게 나왔다. 함께 TV를 보던 엄마가 내 말을 듣고는
"에이, 그래도 결혼은 해야지" 하신다. 주변에 결혼해서 행복하다는 사람은
별로 없던데 어째서 "혹 불행해지더라도 결혼은 해야지"라는 생각이 우리에
게 '정상'으로 굳건히 자리 잡은 걸까? 물론 내 나이 70살이 되어서도 혼자 산
다면 조금 쓸쓸하긴 하겠지만, 마음이 잘 맞는 친구들만 곁에 있다면 괜찮을
것 같다. 엄마한테는 일단 비밀이다.


사랑의 종착역은 결혼?


결혼이란 제도는 인류 역사에서 아주 오랜 시간 동안 사랑
의 마지막 단계로 인식되어 왔습니다. 동화의 마지막에서도
역시, 공주와 왕자가 '결혼'해서 행복하게 살았다는 말이 빠
지지 않습니다. 왕자를 만나기 전에 겪었던 수많은 우여곡
절이 결혼을 통해 모두 보상받는 것처럼 보이거나, 혹은 그
모든 고생스러움이 결혼을 위한 것처럼 보일 정도죠. 하지
만 우리가 현실에서 자주 목격하듯이 결혼 이후의 현실은
행복한 일들로만 가득 채워져 있는 동화가 아닙니다. 아무

리 세기의 러브 스토리 속 주인공들처럼 보이는 커플일지라도 결혼이라는 사회적 제도로 들어가는 순간 전혀 다른 현실이 펼쳐질 수 있죠.

결혼은 서로 사랑하는 두 사람의 관계에서 시작됩니다. 두 사람이 가족이라는 울타리 안에서 영원한 사랑을 약속한다는 것이 왜 행복하지만은, 그리고 아름답지만은 않은 걸까요? 이에 대해 프랑스의 철학자 사르트르는 일반적인 결혼 제도가 두 사람의 자유를 제한하고 있기 때문이라고 생각했습니다. 결혼한 사람들은 사회적으로 그에 걸맞은 품위와 행동을 보여야 합니다. 결혼한 순간부터는 이성과의 관계도 신경 써서 조심해야 하고, 혼자 있을 때와는 달리 삶의 많은 영역에서 내 옆에 있는 사람을 고려해야만 하죠.

결혼과 동시에 두 사람을 넘어 집안과 집안 사이에 새로운 관계가 형성됩니다. 그로 인해 개인의 역할은 결혼 이전과 비교하여 훨씬 늘게 되지요. 결혼한 상대방 집안의 새로운 구성원이 되며, 더 확장된 가족관계로 진입하는 것입니다. 거기에 아기까지 태어나면 본격적인 부모로서의 삶이 시작되는데, 아무리 나아지고 있다고 하지만, 여전히 많은 여성이 출산과 육아로 사회적 경력의 단절을 겪는 것이 사실입니다. 사회적 인식의 변화와 함께 각종 제도를 통해 보완이 이루어지고 있지만, 결혼이라는 제도 속에 들어가는 순간 여성의 자유에는 족쇄가 채워집니다. 두 사람의 사랑과 동의로 이루어지는 일임에도, 한 사람의 개인적·사회적 관계의 제약이 당연시되는 이 제도가 어째서 아직도 적당한 시기에 거쳐야 하는 '통과의례'로 자리 잡고 있는 것일까요? 사랑하는 사람과 함께하는 마지막 종착역이 반드시 전통적인 형식의 결혼이어야만 할까요?

사르트르는 인생에서 가장 사랑한 여인과 결혼을 했지만, 일반적인 결혼은 원하지 않았습니다. 그는 자신의 소중한 사랑이 사회적 관습의 굴레 속에서 무료한 일상이 되는 것이 싫었기에, 다른 사람들과는 조금 다른 형태의 결혼을 선택했습니다.


## 사르트르와 보부아르, 사랑에 모든 걸 걸지 않는다

사르트르는 키도 작고 남들에게 내세울 만한 외모가 아니었습니다. 그런데 그와 결혼한 여성은 미모와 지성까지 고루 갖춘 멋진 사람이었지요. 그녀의 이름은 시몬 드 보부아르, 사르트르 못지않게 철학과 문학을 사랑하는 사람이었습니다. 사르트르와 보부아르는 파리고등사범학교에서 철학 교수 자격시험을 준비할 때 처음 만났는데요, 그녀와의 만남을 지속할수록 사르트르는 그들의 관계가 이 세상에서 맺을 수 있는 가장 완전한 관계라고 생각했습니다. 두 사람은 서로 진실한 대화를 나누고 마음의 소통을 이룰 수 있는 유일한 관계였죠. 자신의 군 입대로 이별의 위기를 맞으며 사르트르는 결혼을 생각하게 됩니다. 하지만 그는 항상 전통적인 형태의 결혼에 회의를 느끼고 있었습니다. 전통적인 결혼이 자신의 자유를 제한한다고 생각했을 뿐만 아니라 그런 결혼은 생활의 한 방식일 뿐 사랑의 방식은 아니라고 보았던 것이죠. 보부아르 또한 사회관습에 저항하는 삶을 지향하는 여성이었고, 자유롭고 주체적인 신념을 가졌기에 기존의 결혼제도를 비판하는 입장이었습니다. 인간이 자유를 통해 자신의 본질을 주체적으로 선택해야 하는 존재라고 보았던 사르트르. 그 본질은 외부 조건에 의해 결정되는 것이 아니라 스스로 만들어야만 하는 것이기에, 사르트르는 자신의 철학을 지키기 위해 보부아르에게 계약 결혼을 제안합니다. 그들은 결혼을 유지하기 위한 세 가지 조건을 내세우고 첫 2년간의 계약 결혼을 시작했죠.

계약 내용은 지금의 관점으로 봐도 상당히 파격적입니다. 첫 번째는 서로 사랑하면서 관계를 지키되, 다른 사람과 사랑에 빠지는 상황도 허락해야 한다는 것입니다. 열정을 억누르지 않고 자연스럽게 발산하면서 각자의 자유를 최대한 허용하자는 것이죠. 이 조건 때문에 이들 부부는 결혼 생활을 하면서 수많은 위기를 겪기도, 세상 사람들에게 신랄한 비난을 받기도 했습니다. 두 번째는 상대방에게 어떠한 거짓도 말하지 않으며 숨기지도 않는다는 조건이었습니다. 다른 사람과 사랑에 빠진다고 해도 둘 사이의 신뢰를 지키기 위해서는 솔직함이 필요하다고 생각한 거죠. 그리고 마지막으로는 각자 경제적으로 독립하자는 내용이었습니다.

당시에는 더욱 파격적이었을 그들의 계약 결혼에는 많은 위기가 있었지만 둘은 항상 서로에게 돌아왔습니다. 이부부는 육체적 사랑을 넘어선 정신적 동지였기 때문입니다. 사르트르를 통해 보부아르는 생각을 다듬어 나갔고, 사르트르 또한 그녀의 도움에 절대적으로 의지했습니다. 둘은 상대방을 지적으로 완성해 주는 완벽한 결합체였던 것이죠. 그들이 이렇게 반세기가 넘는 시간 동안 함께하며 숱한 위기를 넘길 수 있었던 이유는 사랑에 모든 것을 걸지 않았기 때문입니다. 서로만을 바라보는 사랑이 아니라 평등한 관계로 같은 곳을 바라보는 영혼의 동반자였기에 오랜 시간 함께하며 모든 것을 나눌 수 있었던 것입니다.

## 인생은 B와 D 사이의 C

우리가 결혼을 결정할 때 고려하는 가장 중요한 조건은 무엇일까요? 동서고금을 막론하고 아마 '이 사람을 얼마나 사랑하는지'일 것입니다. 인간은 어떻게 사랑의 관계를 만드는 걸까요? 사르트르는 인간을 "이 세상에 아무런 까닭 없이 내던져진 존재"라고 말합니다. 그래서 인간은 끊임없이 자신의 존재 이유를 찾기 위해 노력하지요. 존재 이유를 찾으며 인간은 자신의 주체성을 유지하고자 합니다. 이 과정에서 존재하는 모든 것에 대해 의문을 던지고 의미를 부여하지요. 그리고 인생에서 자신을 중심에 두고 자신의 관점으로 대상을 판단합니다. 어느 집단이든 사람들이 만날 때 항상 갈등이 발생하는 이유는 스스로 주체성을 지키는 과정에서 상대방을 객체화하려다 보니 문제가 생기기 때문일 텐데요, 이는 우리가 사랑을 할 때에도 예외는 아닙니다.

영화 「우리도 사랑일까」의 여주인공 마고는 모두에게 친절하고 가족에게 헌신적인 여인입니다. 그런 그녀는 항상 남편 루의 사랑을 갈구하며 불안까지 느끼고 있습니다. 그런데 시간이 지나고 사랑이 생활로 접어들면 항상 뜨겁고 자극적일 수만은 없습니다. 연애 때의 뜨거웠던 모습을 기대하는 것은 쉽지 않지요. 마고는 루가 자신이 그리는 남편의 모습으로 다가와 주기를 바랍니다. 루라는 존재의 주체성을 받아들이기보다는 자신의 남편으로만 객체화하려다 보니 둘 사이는 조금씩 어긋나기 시작하는 것이죠. 물론 남편 루도 아내의 불안을 눈치채고는 있지만 두 사람 모두 자신의 관점에서만 사랑을 풀어 나갑니다.

내가 원하는 상대의 모습, 내가 원하는 관계의 모습이 각자 다른 우리는, 사랑을 하며 많은 문제를 겪습니다. 영화 속 흔한 커플들에게만 있는 문제가 아닌 거죠. 서로 사랑해서 결혼까지 한 이 시대의 많은 커플들은 어째서 그렇게 불화하고 싸우는 걸까요? 과연 진정한 사랑이란 게 있긴 있을까요? 사르트르가 볼 때 사랑은 타자와 내가 모두 주체성의 상태를 유지하면서 맺는 관계입니다. 사랑을 통해 얻고자 하는 것은 바로 '나'라는 존재의 정당성입니다. 누군가와 사랑을 하면서 상대에게 꼭 필요한 존재로 다시 태어나는 것이죠. 사랑은 상호 관계이면서 각자의 주체성을 지닌 채로 이루어져야 합니다. 그래서 '우리들-주체'가 탄생하는 것이죠. 사랑의 관계에서 '우리'라는 호칭은 매우 중요한 의미를 지닙니다. 즉 나와 타자는 나와 너라는 구분 대신 '우리들'로 하나가 되는 것이죠. 이것이 사랑의 목표입니다. 이렇게 사랑의 목표가 완성될 때 우리는 결혼에 대해 생각해 보게 됩니다.

누군가 인생은 B와 D 사이의 C라고 했다지요. 태어나면서(Birth) 죽을(Death) 때까지 계속 선택(Choice)하며 살아간다는 의미입니다. 결혼을 비롯해 인생의 많은 문제는 결국 개인의 선택에 달려 있습니다. 사르트르의 계약 결혼도 사람들에게 오랜 시간 비난을 받았지만, 사르트르와 보부아르는 관계를 유지하고 계약을 갱신하며 50년 넘게 함께해 왔습니다. 사르트르는 이 계약 결혼을 통해 그들의 철학이 추구하는 이상적인 인간관계를 만들 수 있다고 생각했습니다. 물론 그들의 결혼이 완벽한 모델이라고 말할 수는 없습니다. 한 여인을 동시에 사랑하며 질투를 느끼기도 했고, 서로가 아닌 다른 연인에게 평생을 바치려 한 적도 있었으니까요. 어쩌면 사르트르가 주장하는 바와 같이 주체성을 지닌 독립적 존재가 조화로운 연대를 평생 유지해 나가는 것은 실현하기 어려운 이상일 뿐인지도 모르겠습니다.

인간은 사랑하는 사람과 평생을 함께하고 싶다는 마음으로 결혼을 선택합니다. 이때 중요한 것은 결혼이라는 제도 자체가 아닐 겁니다. 애초에 결혼을 하고 싶다는 마음의 핵심에는 사랑과 존중이 있음을 기억한다면 말이지요. 자신의 연인을 사랑하면서 서로에게 필요한 존재가 되고 같은 곳을 바라보며 함께할 수 있다면 그것으로 충분한 성숙한 관계이며, 사랑하는 두 사람은 그 속에서 비로소 행복으로 진입할 수 있는 것은 아닐까요? 동화 속 왕자와 공주의 "행복하게 살았답니다" 이후의 진짜 현실에서도 말이지요. 사랑은 결혼의 필요조건이지만, 결혼은 사랑에 있어 필요조건이 아닙니다. 자신의 삶이 존중받기를 바라는 만큼 상대의 존재를 그 자체로 존중해 주는 사랑을 하는 일이 무엇보다도 중요합니다.

# 그 애는 내가 왜 싫을까?

## —지금은 사랑 공부 중

● **질문이 시작되는 순간**

여자 친구와 헤어진 지 일주일째. 친구들 앞에서는 센 척하면서 괜찮다고 했지만 사실은 안 괜찮다. 다른 애들은 사귀고 헤어지는 걸 대수롭지 않게 생각할지 몰라도 나는 자꾸만 생각나서 괴롭다. 친구들한테 너무 쩔쩔매는 모습을 보이기 싫어서 여자 친구한테 필요 이상으로 툴툴댔는데, 사실 내 마음은 그렇지 않았다. 하지만 여자 친구의 마음을 돌리기엔 이미 너무 늦은 것 같다. 나에게 과연 두 번째 기회가 올까?


### 소유할 수 없는 사랑


"이 세상에 여자가 그 애뿐이니? 인구 중에 절반이 여잔데, 그 애 하나 때문에 뭘 그래. 이렇게 헤어진 거 보니 네 진짜 짝은 아닌가 보다." 실연의 아픔에서 헤어 나오지 못하는 아이에게 이렇게 위로를 건네시나요? 힘들어하는 아이에게 무슨 말을 해야 할지 몰라 "네가 아깝다", "그 애가 사람 볼 줄 모르네" 같은 말을 하고 넘어간다면, 아이가 사랑에 대해 배울 기회를 놓칠 가능성이 큽니다.

누군가를 사랑하는 마음은 아이스크림 가게에 월드콘이 없어서 대신 부라보콘을 먹는 상황과는 다릅니다. 대체할 수 있는 게 아니라는 거죠. 그렇지 않나요? 우리는 서로를 고유한 존재자로 여기면서 사랑합니다. 연인과 때로는 다투기도 하고, 이별하기도 합니다. 중요한 점은 이 모든 게 내 인생에서 사랑을 배워 나가는 과정이라는 사실입니다. 같은 맥락에서, 상대방이 나의 마음을 받아 주는 순간이 결코 사랑의 종착지는 아닙니다. 사랑하기 때문에 결혼하지만, 결혼이 사랑의 최종 결과물이 아니듯, 이혼도 사랑의 끝이 아닙니다. 만남과 헤어짐은 어느 한 사람과 직접적으로 이루어지지만, 인생 전체를 놓고 볼 때 사랑은 항상 현재 진행형입니다.

당연히 사랑은 어린 시절부터 시작됩니다. 아이도 똑같이 누군가를 사랑하고, 또 마음 아플 수 있습니다. 이 세상에 하나밖에 없는 귀한 내 자식이 실연에 아파하는 모습을 보면서 속상하지 않을 부모는 없겠지요. 그러나 그렇다고 해서 아이의 마음을 위로한답시고 대체 가능한 다른 누군가가 있음을 상기시켜 주는 일은 그다지 바람직해 보이지 않습니다. 좋은 사람이야 많겠지요. 하지만 지금 아이가 사랑에 빠진 친구는 특정한 '그 아이'입니다. 특별히 그 아이를 좋아하게 된 데는 이러저러한 이유가 있을 테고, 성격과 외모를 포함하여 그 아이의 고유한 존재성을 똑같이 지닌 사람은 이 세상에 없습니다.

아이들은 자꾸 어려운 질문을 한다

사랑하는 사람을 만나고 연애를 하고 싶은데 이상하게 인연이 없다고 말하는 사람들이 있습니다. 사랑하는 사람이 없는 게 문제일까요? 내가 사랑하는 능력에 문제가 있는 것은 아닐까요? 현대인들은 자신이 사랑해야 할 대상을 찾는 것에만 몰두하는 경향이 있습니다. 그러면서 마땅한 사람이 없음을 한탄합니다. 끊임없이 자기에게 맞는 대상을 찾아 헤매고, 그 대상을 소비하려 하지요. 그러나 사랑은 소유가 아닙니다.

## 프롬과 사랑의 기술

사실, 사랑의 대상에 치중하는 경향은 현대 자본주의와 무관하지 않습니다. 사랑조차 하나의 상품처럼 소비해 버리는 사회 풍토가 만들어졌으니까요. 우리가 사랑하는 사람은 효용성을 따져 가며 가치를 매기는 상품과는 전혀 다른 존재입니다. 돈만 있으면 아무 때나 구매할 수 있는 상품이 아니니까요. 만약 나를 사랑하는 사람이 자기 기준으로 볼 때 나를 주변의 다른 이성보다 상대적으로 더 가치 있는 상품으로 여겨서 사랑한다면 어떨까요? 진짜 사랑이라는 생각이 들지 않겠죠.

SNS로 하루종일 관계를 맺고 있는 것 같은데도 어쩐지 공허함을 많이 느끼는 요즘인데요, 이미 20세기에 근대 산업사회가 가져온 인간성 상실 문제에 심각한 우려를 제기한 철학자가 있었으니 바로 에리히 프롬입니다. 그는 세계 대전으로 표출된 파시즘과 전체주의를 강하게 비판했고, 특히 기술 문명이 인간 소외 현상을 부추겼다고 진단했습니다. 『자유로부터의 도피』, 『소유냐, 존재냐』 등 그의 책 여러 곳에서 그 흔적을 찾아볼 수 있는데요. 그중에서도 『사랑의 기술』은 인간 소외를 극복하기 위해서 복원해야 할 진정한 의미의 사랑을 이야기하고 있습니다. 프롬이 말하는 소외란 현실에서 개인들이 자신을 주체적 행위자로 경험하지 못하고, 자기 세계 밖에 있는 힘에 의존하면서 그 힘에 투사된 메마른 사물처럼 스스로를 경험하는 것을 의미합니다.

내가 사랑하고 있는 사람을 나의 단순한 변심 때문에 다른 사람으로 쉽게 변경할 수 있다고 생각해 보세요. 그 사람은 사람이 아니라 상품으로 취급되는 꼴입니다. 상품의 가치는 늘 변하기 마련입니다. 가치가 떨어지면 소유자에게 기존 상품은 쓸모없는 물건, 처치 곤란한 애물단지가 되죠. 그리고 조만간 더 가치 있는 상품으로 대체됩니다. 우리가 사랑을, 관계를 이러한 방식으로 맺는다면 상대의 가치가 사라지는 순간 사랑도 사라질 수밖에 없습니다. 물론 머리로는 이러면 안 된다는 걸 알지만, 문제는 우리가 이런 사랑 방식의 환경에 노출되어 있다는 점입니다.

많은 사람들이 사랑을 갈구하고, 실제로 사랑을 하고 있다고 말하지만, 프롬의 눈에 비친 소유 방식의 사랑은 한

아이들은 자꾸 어려운 질문을 한다

낱 미숙한 사랑에 지나지 않습니다. 사랑을 한다는 것은 진열장에 놓인 상품 중 좋아 보이는 것을 고르는 일이 아닙니다. 사랑은 서로 다른 둘이 만나서 '하나'가 되는 것이죠. 이때의 '하나'는 어느 한쪽이 사랑하는 사람을 소유의 대상으로 여겨서는 이루어질 수 없습니다. 우리는 내가 사랑하는 사람이 나에게 이바지하기 위해서가 아니라 자기 자신을 위해서 나름의 방식으로 성숙하기를 바라야 합니다.

## 사랑이 무르익는다는 것

사랑은 상대의 고유성과 개성을 있는 그대로 보존해 주는 일이 전제되어야 합니다. 사랑이라는 이름으로 상대를 나와 똑같이 만들려고 하거나, 나와 다른 존재로서의 차이를 인정하지 않는다면 갈등이 발생할 수밖에 없습니다. 성숙한 사랑은 어느 한쪽이 자신을 지움으로써 하나가 되는 것이 아니라 각자가 서로의 개성을 유지한 채 하나가 되는 것입니다. 부모와 자식 사이도 마찬가지죠. 부모가 자식을 부모 마음대로 움직이려 한다면 아무리 겉으로 '사랑'을 외쳐도 자식에게는 사랑이 아니라 사랑의 탈을 쓴 폭력이 될 수 있습니다. 사랑은 내 마음대로 상대방을 붙잡고 휘두르는 게 아니니까요.

　인생에서 경험하는 사랑을 성공 또는 실패 어느 한쪽으

로 결론짓는 일은 쉽지 않습니다. 지금, 헤어짐으로 괴로워하는 아이는 사랑에 실패한 게 아니라 사랑을 공부하는 중입니다. 온몸으로 사랑을 배우고 있는 것이지요. 지금 겪고 있는 실연의 아픔은 이후의 성숙한 사랑을 위한 도약의 기회가 될 수 있습니다. 어떻게 보면, 더 고귀하고 숭고한 사랑을 위해 겪어야 할 일종의 성장통과 같습니다. 내가 원하는 것은 무엇이든 노력하면 소유할 수 있다는 사고방식과는 다른 차원에서의 사랑을 배우게 될 겁니다.

사랑도 배워야 합니다. 학교에서 공부하는 것도 골치가 아픈데 사랑까지 배워야 하는 거냐고 볼멘소리를 할 수 있겠지만 사랑은 분명 공부가 필요한 일입니다. 사랑은 어느 순간 우리를 찾아오는 수동적인 감정이 아니라 오히려 주체가 직접적으로 참여하는 적극적인 활동이기 때문입니다. 사랑은 '주는 일'입니다. 무엇을? 자기 자신에게 가장 소중한 것을요. 자신의 관심, 기쁨, 슬픔, 이해 등을 포함하여 온 마음을 주는 것입니다. 그래서 사랑은 나의 마음과 관련된 능력 차원의 문제입니다. 좋은 사랑을 하기 위해서 무엇보다 사랑할 줄 아는 능력이 필요한 이유이지요.

그림을 멋지게 그리기 위해서는 스케치를 잘하거나 색을 적절히 써야 하듯, 좋은 사랑을 하기 위해서는 그런 사랑을 실천할 수 있는 역량을 키워야 합니다. 원하는 사람을 만나 사랑에 빠진다고 해서 사랑이 저절로 완성되지는 않으니까요. 완성은커녕 둘 사이의 사랑은 그때부터 시작되는 것입니다. 사랑에 완성이라는 말은 없지만 만약 우리가 그 말을 쓴다면, 그것은 서로를 알아 가며 이해하고 어루만지는 실천의 과정 속에서만 가능한 일 같습니다. 그리고 이것은 남녀 간의 사랑이든, 친구 간의 사랑이든, 가족 간의 사랑이든 모든 사랑에 적용됩니다.

마지막으로 한 가지 더. 성숙한 사랑을 하기 위해서는 겸손과 용기가 필요합니다. 타자는 내가 어찌할 수 없는 존재입니다. 우리 자신의 마음도 의지대로 어쩌지 못하는데 하물며 타인의 마음을 어떻게 우리 마음대로 할 수 있을까요? 그러니 소유하는 사랑, 내 뜻대로 하려는 사랑은 근본적으로 고통스럽고 위험합니다. 사랑하는 우리에게 필요한 것은 따라서 타자의 영혼이 다치지 않도록 조심스럽게 다가가는 겸손입니다.

우리는 모두 서로가 서로에게 신비로운 존재입니다. 영원히 알 수 없는 타자인 셈이지요. 타자의 영혼을 함부로 대할 때 타자는 상처를 받습니다. 아이가 겸손을 실천으로 옮길 용기를 지닐 수 있도록 독려해 주세요.

## 더 생각해 보기

『잘못은 우리 별에 있어』는 갑상선암에 걸린 16세 소녀 헤이즐과 희귀암을 앓고 있는 어거스터스가 암 환자 모임에서 만나 사랑을 배워 가는 이야기입니다. 두 사람 모두 죽음을 늘 가까이하며 살아가지만, 상대방에 대한 호감을 지닌 채 함께 시간을 보내며 서로를 보듬고 행복한 일상을 경험합니다. 만약 여러분에게 남은 생이 얼마 되지 않고, 그조차도 산소 탱크를 옆에 끼고 살아가야 한다면 어떤 기분일까요? 그런 상황에서 우리를 절망보다는 환희로 채워 줄 수 있는 것은 무엇일까요? 삶은 사랑 없이는 절대 풍요로울 수 없습니다. 사랑의 아름다운 힘을 느껴 보고 싶은 분들에게 이 영화를 적극적으로 추천합니다.

# 동성애를 왜 금지해야 하나요?

● **질문이 시작되는 순간**

요즘 친구들 사이에서 BL 장르가 인기가 많다. 아이돌같이 생긴 남자 둘이 사랑을 하는 내용인데 주인공들도 너무 멋있고, 내용도 정말 흥미진진하다. 그런데 어떤 친구들은 남자들끼리 그러는 게 징그럽다고 말한다. 또 어떤 친구들은 그런 행동은 도덕적으로 잘못된 것이라고 말하기도 했다. 난 사실 이게 왜 잘못된 일인지 잘 모르겠다. 남자를 좋아하건 여자를 좋아하건 그건 개인의 자유 아닌가? 그럼 웹툰 속 주인공들은 서로 좋아하는데 성별이 같다는 이유만으로 헤어져야 하는 건가? 가끔 TV에서 남자들끼리 결혼하는 커플을 본 적도 있다. 물론 우리나라에서는 그들의 결혼이 인정되지 않는다고 한다. 국가에서 왜 개인의 결혼까지 금지하고 또 사람들은 왜 그렇게까지 반대하는지 잘 모르겠다. 우리 엄마마저도 무작정 동성애는 나쁜 거라고만 말한다. 남자끼리 서로 좋아하는 일이 그렇게 잘못인 걸까?

## 왜 동성애를 싫어할까?

뮤지컬로 만들어져 전설이 되었고, 그 후 영화화되어 선댄스와 베를린영화제 등에서 수많은 상을 받은 작품 「헤드윅」은 국내에서도 이미 유명합니다. 여자도 남자도 아니게 된 몸을 가진 주인공이 사랑을 찾는 여정을 그린 이 작품의 OST 중 제일 유명한 곡이 바로 「사랑의 기원」(Origin of

Love)입니다. 이 노래의 가사를 간단히 살펴볼까요? 세상에 사랑이라는 개념이 존재하기 전, 세 개의 성별이 있었습니다. 남자 둘을 붙여 놓은 태양의 아이들, 여자 둘을 붙여 놓은 땅의 아이들, 남자와 여자를 붙여 놓은 달의 아이들이 있었죠. 이렇게 원래는 붙어 있던 한 덩어리가 쪼개지면서 자신의 짝을 잃었고, 서로를 잃어버린 이들이 애써 자신의 짝을 찾는 그것을 사랑이라 부른다고, 그것이 '사랑의 기원'이라는 내용입니다. 이 작품이 전 세계 남녀노소의 사랑과 지지를 받은 이유는 오랜 시간 사회적으로 규정해 온 유일한 사랑의 모습이 아니라, 나만의 사랑을 찾는 일의 중요함과 어려움을 이야기해 주고 있기 때문이 아닐까요?

아무리 법이 바뀌고 사람들의 시선이 달라진다고 해도 동성애는 여전히 환영받지 못하는 주제입니다. 최근 동성결혼이 합법화되는 나라들도 생기고 있다고는 하나 그래도 아직 대부분의 장소에서 동성 커플은 소외집단이며, 기피와 혐오의 대상이 됩니다. 종교와 연관될 경우 사람들은 더더욱, 동성애를 반대하는 데에 그치지 않고 그것을 '고쳐야' 하는 병이라고까지 생각하는데요, 어째서 개인의 사적인 영역인 결혼과 사랑, 성적 지향에 이토록 사회가 개입을 하는 것인지 의문이 생깁니다. 미국의 철학자 마사 누스바움은『혐오와 수치심』,『혐오에서 인류애로』등의 저서를 통해 사회에서 차별을 조장하는 혐오의 위험성을 강조합니다. 특히『혐오와 수치심』에서 그녀는 동성애자와 같은 사회적 소수자들이 혐오의 대상이 된다고 말합니다. 그리고 동성애자들이 진정 다른 사람과 동일한 수준의 평등을 누리기 위해서는 혐오를 무너뜨려야 한다고 말하죠.

　시민사회에서 모든 구성원이 동일한 권리를 누려야 함은 하나의 대원칙입니다. 거기에 이성애자와 동성애자의 차이란 있을 수 없지요. 즉 타인과의 사적인 관계 형성은 개인의 고유한 권한이기에 그 누구도 침해할 수 없는 것입니다. 하지만 현실에서는 이성애자 중심의 근거들을 토대로 동성애자의 사생활이 비난의 대상이 되고 있습니다. 사회가 이렇게까지 동성애를 반대하는 근본적인 이유에는 누스바움의 말처럼 혐오가 자리 잡고 있습니다. 물론 혐오가 다 나쁜 것만은 아닙니다. 자동반사적인 원초적 혐오는 인간을 질병이나 상해 등의 위험으로부터 지켜 주기도 합니다. 그러나 이성애자 중심의 편견은 동성애에 대한 불합리한 혐오를 더욱 강화할 뿐입니다. 편견에 혐오의 감정을 덧씌움으로써 동성애자들이 이 사회에 설 자리를 완전히 잃게 만들어 버립니다. 이 세상의 어떠한 존재가 다른 대상을 좋아하는 행위는, 타인에게 피해만 끼치지 않는다면 지극히 개인적인 자유의 영역입니다. 특정 성적 지향에 대한 이성애자의 혐오감이 동성애자들을 비난할 만한 합리적 이유가 될 수 있을까요?

## 원초적 혐오와 투사적 혐오

동성애자에게 느끼는 혐오감에 대한 합리적 설명이 쉽지 않음에도, 아직도 많은 사람들은 막연히 동성애를 반대하고 있습니다. 그만큼 동성애에 대한 혐오가 오랜 시간 동안 우리의 삶에 자리 잡고 있다는 증거겠지요. 그런데 사실 혐오는 완전히 본능적인 감정은 아닙니다. 학습 이전에는 잘 발견되지 않습니다. 마치 언어 능력처럼, 타고나지만 발현되기까지는 시간이 걸리는 능력입니다. 그래서 혐오의 감정은 문화적 영향을 많이 받습니다.

인간에게 혐오감을 유발하는 대상에는 무엇이 있을까요? 신체의 배설물도 있고, 동물의 사체, 피, 토사물 등이 떠오르지요. 이들의 공통된 특성은 불결함, 끈적함, 악취와 같은 불쾌한 성질들입니다. 이것들은 전형적인 동물적 성질을 나타냅니다. 인간은 기본적으로 이러한 성질에 거부감을 보이게 됩니다. 낯선 동물적 성질을 거부하면서 나타나는 혐오가 바로 '원초적 혐오'입니다. 원초적 혐오에는 동물성에 대한 원시적 두려움이 존재합니다. 그리고 이와 함께 대상이 오염되었다는 생각, 즉 섭취하거나 만지기에는 부적절하다는 생각 등을 하게 되지요. 원초적 혐오는 오염에 대한 두려움이 만들어 낸 극도의 증오라고 볼 수 있습니다. 그래서 오염의 가능성을 지닌 특정 대상에 대한 반사적인 거부 반응은 혐오의 긍정적 기능 중 하나이기도 합니다.

그런데 혐오는 부정적인 속성을 가진 원초적 대상에만 머무르지 않습니다. 보다 복잡한 문화적 형태의 진화가 이루어지면서 '투사적 혐오'로 발전하게 됩니다. 즉 원초적 혐오를 불러일으키는 역겨운 속성을 특정 집단이나 개인에게 반영하는 것입니다. 투사적 혐오는 망상을 먹고 자라며 계속된 확증편향으로 나아갑니다. '순수한 자신'과 '더러운 타자'를 구분하면서 상대방을 공동체에서 완전히 배제해야만 속이 풀리지요. 투사적 혐오는 과학적으로는 설명하기 힘든 사회문화적인 영향이 결합하여 차별의 문제까지 초래한다는 점에서 상당히 위험합니다. 그들이 정한 차별의 대상은 보통 취약한 사회적 소수자들이죠. 그들의 성적 지향, 인종, 경제 수준 등 많은 요소들을 자신들만의 틀로 규정하고 혐오하면서 사회에서 동떨어진 존재로 만들어 버립니다.

동성애 혐오 역시 투사적 혐오의 성향을 지니며 사회에서의 차별을 조장하기 때문에 심각한 문제로 발전될 가능성이 있습니다. 국내의 모 방송국에서 영국의 유명 밴드 '퀸'의 보컬 '프레디 머큐리'의 삶을 담아낸 음악 영화 「보헤미안 랩소디」를 방영하면서, 동성끼리의 키스 장면을 삭제하거나 모자이크로 처리했던 것은 우리 사회의 동성애 인식의 현주소를 적나라하게 보여 줍니다. 해당 방송사는 가족이 함께 시청했을 때 불편할 수 있고, 동성애 장면으로 인해 제재를 받을 수 있어 그런 판단을 내렸다고 밝혔지만, 그들이 머큐리의 성적 지향과 관련된 부분을 임의로 편집함으로써 성 소수자의 존재를 지워 버렸다는 비난 여론을 피할 수 없었죠. 동성끼리의 애정 행위가 시청자의 불편이나 법적 제재로 이어질 것이라는 방송국의 판단은 동성애에 대한 여전한 사회적 혐오를 보여 주고, 이렇게 일반화된 혐오로 인해 사람들은 자연스럽게 동성애자의 사랑 표현을 마치 선정적이거나 문제 행동이라고 인식할 것입니다.

　미국의 반-동성애 운동의 수장인 폴 캐머런은 '동성애자들이 하는 행위의 의학적 결과들'이라는 자료에서 동성애를 맹비난합니다. 그는 확인되지 않은 내용을 가지고 동성애자들의 성행위를 극단적으로 표현하며 공포와 혐오의 대상으로 치부해 버리죠. 그리고 사람들을 선동합니다. 이러한 사회적 분위기를 대변하는 여러 현상 중 하나가 바로 '소도미법'입니다. 소도미법은 2세 생산으로 이어지지 않는 성행위를 통제하면서 동성애 행위를 감시하는 법이지요. 합리성이 결여된 동성애 혐오가 법률로까지 이어졌다는 점은 그동안의 미국 사회 내 동성애에 대한 인식을 볼 수 있는 씁쓸한 사례입니다. 이 시대착오적인 소도미법은 2003년에 전면적으로 무효화되긴 했지만요.

　동성애를 비롯한 사회적 소수자에 대한 이 같은 말도 안 되는 혐오를 극복하는 방안은 무엇일까요? 누스바움은 우리가 알고 있는 매우 기본적인 원리에 그 답이 있다고 말합니다. 그것은 바로 사회의 모든 구성원의 자유에 대한 평등한 존중이 실현되는 것이지요. 민족, 성별, 피부색 등 인간을 규정짓는 많은 이유에서 벗어나 하나의 주체로서 인정해야 합니다. 이처럼 누스바움은 인간이 타인에 대한 존중을 바탕으로 혐오가 아닌 인류애를 실천할 수 있어야 한다고 주장합니다.


## 혐오에서 인류애로

혐오에서 인류애로 나아가는 모습은 성 소수자를 비롯한 사회적 약자들이 다른 사람들과 마찬가지로 행복과 정의를 추구하는 온전한 인간임을 인정받을 때 가능합니다. 이를 위해서는 그들의 입장을 상상하며 존중할 수 있어야겠죠. 물론 누스바움이 말하는 인류애의 정치는 타인의 선택을 무조건 존중하고 찬성해야 한다는 뜻은 아닙니다. 그렇다고 타인에게 무조건적인 연민을 가져야 한다는 의미도 아닙니다. 그저 타인을 존엄성, 평등한 권리를 가진 똑같은 인간으로 바라보자는 의미입니다. 동성애자들에 대한 태도 또한 마찬가지입니다. 그들 역시 매일의 일상에 최선을 다하며, 우리의 곁에서 함께 숨 쉬고 있는 인간일 뿐이니까요.

　특히 우리나라를 비롯한 아시아 국가는 동성애 문화에 유독 폐쇄적인 성향을 보입니다. 하지만 변화는 조금씩 일어나고 있지요. 몇 년 전 대만은 아시아 국가에서는 최초로 동성 간 결혼을 합법화하기도 했습니다. 이를 계기로 최근 다른 국가에서도 동성 간의 연애나 결혼 등에 대해 개인의 자유를 존중하는 쪽으로 변화하는 흐름을 보이고 있습니다. 우리나라 또한 예년에 비해 많은 국민들이 동성애에 우호적인 태도를 보이고 있습니다. 물론 이런 변화가 완전한 평등을 의미하는 것은 아닙니다. 얼마 전 싱가포르에서도 동성애 금지법을 폐지하였지만 결혼만큼은 남녀 간에만 인정하고 있습니다. 그리고 대만 또한 결혼은 인정하더라도 동성 커플에게 전면적인 입양 권한을 주지는 않습니다. 이처럼 동성애 문제는 여러 가지 사회적 요인들이 얽혀 있는 만큼 개인의 문제가 아닌 사회적 차원의 접근이 필요하며 끊임없는 논의가 이루어져야 합니다. 동성애에 대한 무조건적인 혐오는 잠시 내려놓고 좀 더 객관적인 시각에서 함께 이야기할 수 있는 공론장이 마련되어야 할 것입니다.

인류애를 위해서는 나와 타자의 다름을 긍정하는 자세가 필요합니다. 나와 같은 특성, 공통된 이념을 가진 사람들을 존중하는 것은 그리 어려운 일이 아닙니다. 나와 다른 사람에게 보내는 무조건적인 혐오는 원치 않는 변화가 두려워 대신 탓할 마녀같은 상대를 찾는 행위에 불과한 것입니다.

우리 사회에는 동성애자 외에도 혐오와 무시의 시선을 오롯이 감내해야 하는 사회적 소수자들이 많습니다. 그들에 대한 존중의 자세를 지니고 그들의 관점에서 상상해 보면 좋겠습니다. 오직 그럴 때만, 인간은 타인을 '무언가'가 아닌 '누군가'로 인정할 수 있을 테니까요.

## 더 생각해 보기

『다행히 졸업』이라는 단편집에는 「3학년 2반」이라는 짧은 이야기가 실려 있습니다. 이제 막 자신들의 성 정체성을 고민하고 만들어 나가는 여중생들의 이야기입니다. 30쪽이 채 되지 않는 짧은 글이지만 글 곳곳에서 그 시절 여중, 여고의 분위기를 느껴 볼 수 있습니다. 특히 주인공들이 이성 연애에 반대한다는 뜻을 가진 '이반'이란 문화 속에서 함께 생활하고 또 고민하는 모습은 그때의 그들만이 할 수 있는 인생의 공부 같다는 생각도 들지요. 그때의 아이들은 자신이 원하는 게 무엇인지 더욱더 모를 수밖에 없었을 테니까요.

동성 간에도 아무런 거리낌 없이 연애를 하는 팸의 아이들을 보면서 다예는 무엇인가 계속 불편함을 느끼게 됩니다. 영인이와 키스했을 때도 모든 것이 혼란스러웠죠. 그래서 결국 선생님에게 모든 게 들통나자, 다예는 그동안 함께 했던 영인이를 무작정 밀어냅니다. 그런데 다예는 정말 그동안의 영인이와의 기억이 싫어서 그랬던 걸까요? 혹시 사회적으로 허락되지 않는 것은 무조건 거부해야 한다는 생각이 아이의 마음을 죄고 있었던 건 아닐까요?

# 어떻게 우정이 변하니?

## ―우정 지속의 법칙

### ● 질문이 시작되는 순간

나랑 소은이는 2학년 때부터 쭉 같은 반이었다. 학교가 끝나면 집에 가서 놀기도 하고 숙제도 같이한다. 난 우리가 단짝 친구라고 생각했다. 그런데 오늘부터 소은이가 싫어졌다. 아까 수학 시간이었다. 선생님께서 회장인 소은이에게 대신 숙제 검사를 맡기셨다. 그런데 그때 난 깨달았다. 내가 숙제를 잘못 알았다는 걸. 선생님께서 아시면 꼼짝없이 혼날 게 뻔했다. 그래도 다행히 소은이가 검사하니까 살짝 말해 봐야지 하고 내 순서를 기다렸다. 드디어 내 순서가 왔을 때 난 소은이에게 쪽지를 보여 줬다.

'소은아, 나 숙제를 잘못 알았어. 이번 한 번만 넘어가 주라.'

쪽지를 본 소은이는 별 표정 변화 없이 수첩에 내 이름을 적었다. 난 너무 놀랐다. 우리가 어떤 사이인데, 내가 실수했다고 말까지 했는데 어떻게 내 이름을 그대로 적지? 소은이 때문에 난 선생님께 혼나고 남아서 청소까지 하고 갔다. 소은이가 밉다. 정말 친구끼리 그 정도는 봐줄 수도 있는 거 아닌가?

우정이라는 선물

예나 지금이나 인간은 혼자서는 살아갈 수 없는 존재입니다. 그래서 인간은 끊임없이 다른 존재와 관계를 맺고자 노력하지요. 사랑하는 사람을 찾아 행복한 연애를 하기도 하고, 의지할 수 있는 진정한 친구를 찾기도 합니다. 특히 인생을 살아가며 겪는 많은 풍파 속에서 가족이나 연인에게도 털어놓지 못할 이야기를 들어 주고 나에게 공감해 주는 친구가 있다는 것은 인생의 크나큰 행운입니다. 그만큼 소중하고 마음이 잘 맞는 친구를 만나는 일이 마냥 쉬운 일만은 아니죠. 그래서일까요, 좋은 친구를 만나는 과정 자체가 중요한 인생 공부라고도 할 수 있을 것 같습니다.

고대 로마 시대의 문인이자 철학자인 키케로는 『우정에 관하여』라는 저서를 통해 우정의 의미와 친구에 대한 생각을 말하고 있습니다. 키케로는 지혜와 더불어 우정이야말로 신들이 인간에게 준 최고의 선물이라고 말하죠. 친구끼리 서로를 좋아하고 믿으며 함께 공감하는 과정에서 우정은 시작됩니다. 키케로는 우정의 본질이 인간의 본성에서 유래했다고 말합니다. 우정을 라틴어로는 '아미키티아'(amicitia)라고 합니다. 그런데 이 말은 라틴어 '아모르'(amor)에서 시작되었습니다. 몇 년 전에 엄청난 인기를 끌었던 '아모르 파티'라는 노래 아시지요? 이때 아모르가 바로 사랑이라는 뜻입니다. 키케로는 친구 사이의 우정에는 사랑을 느낄 때와 비슷한 감정이 필요하다고 주장합니다. 서로를 향한 자연스러운 호감으로 시작하면서 세속적인 이해관계에 얽매이는 것을 경계하지요.

그럼 내 운명의 선물 같은 친구를 가만히 기다리기만

아이들은 자꾸 어려운 질문을 한다

하면 될까요? 아닙니다. 키케로는 우정은 우연에 기대지 않고 서로의 적극적인 선택을 통해 만들어진다고 말합니다. 만약 어느 한 사람만의 일방적인 선택으로 관계가 이루어진다면 그 우정을 오랜 시간 유지하기는 힘들겠죠. 어렵게 만들어진 우정을 지키기 위해 우리는 친구에게 항상 최선을 다해야만 합니다. 살아가면서 만나는 수많은 사람 중에서 누군가와 친구의 인연을 맺는다는 것은 그 자체로 매우 소중하고 경이로운 경험이니까요. 그리고 서로의 노력으로 진정한 우정을 나눌 수 있다면 더할 나위 없는 인생 최고의 선물이 될 것입니다. 그렇다면 우리는 어떻게 진정한 우정을 나눌 수 있을까요?

## 진정한 우정을 찾아서

우리는 우정을 너무나도 당연하게 생각합니다. 그런데 진정한 우정이란 게 무엇일까 곰곰이 생각해 보면 결코 쉽지 않은 문제입니다. 우정을 시작하는 일도, 누군가와 그 우정을 오래 유지하는 일도 마찬가지로 굉장히 어렵죠. 키케로는 미덕을 갖춘 착한 사람만이 우정을 나눌 수 있는 자격이 있다고 말합니다. 보통 성실하고, 정직하며 아량을 베풀 줄 아는 사람, 그리고 욕심이나 파렴치한 행동과는 거리가 먼 사람들이 착한 사람의 범주에 들어갑니다. 이러한 미덕을 지닌 사람들끼리 서로 끌리게 되고 사랑이나 우정을 시작할 수 있는 것이죠. 다른 조건들보다 그 친구의 '착함'이 나에게 의미 있게 다가올 때, 비로소 서로 친구가 될 수 있습니다.

영화 「써니」의 주인공 '나미'는 시골에서 도시로 전학을 옵니다. 하지만 새로운 곳에 대한 긴장감과 시도 때도 없이 터져 나오는 사투리 때문에 친구들의 놀림감이 되지요. 이 때 '춘화'가 그녀를 반갑게 맞아 주고 자신의 서클 멤버들에게도 소개합니다. 그녀들은 욕쟁이 '진희', 못난이 '장미', 왈가닥 '금옥', 4차원 '복희', 얼음공주 '수지'였는데요. 서로 많이 달랐지만 우정이라는 이름으로 뭉치게 된 그녀들은 함께 누구보다 빛나고 행복한 학창 시절을 보냅니다. 그러다 세월이 흐른 뒤에 학창 시절 대장 노릇을 톡톡히 했던 춘화가 시한부 판정을 받지요. 흩어진 친구들을 다시 만나는 게 세상을 떠나기 전 그녀의 소원이었습니다. 나미는 그 소원을 들어주기 위해 백방으로 노력하지요. 그래서 결국 한 명의 친구를 제외하고 모두 다시 만나 행복한 시간을 보냅니다. 그녀들은 학창 시절에 비해 훨씬 달라진 환경을 체감하면서도 그때를 추억하며 다시 한번 우정을 확인하지요. 이처럼 친구가 된다는 것은 조건과 환경이 아닌 서로에 대한 선한 끌림으로 이루어집니다.

자신의 이익이나 목적을 위해 친구 관계를 맺는 사람들도 있지만, 그것은 친구라고 하기도 어렵고 또한 미덕이 아닌 조건을 통해 이루어진 관계이기에 오랫동안 지속하기도 힘듭니다. 상대방의 미덕을 볼 줄 알고, 그것에 매력을 느낄 수 있는 사람만이 진실된 우정을 만들 수 있으니까요.

키케로는 평생을 의지할 수 있는 친구를 만나고 또 그 친구와의 영원한 우정을 지켜 나가기 위해서는, 본인 스스로가 먼저 미덕을 갖춘 사람이 되어야 한다고 당부합니다. 그런 다음에 자신과 비슷한 사람을 만나 친구 관계를 맺고 우정을 지속할 수 있다고 봅니다. 이런 사람들은 오랜 시간 동안 서로를 아끼고 존경하게 되겠지요. 물론 미덕을 갖춘 착한 사람이 되는 것도, 그리고 그러한 사람을 찾는 일도 쉽지 않은 문제이긴 합니다. 따라서 좋은 친구를 선택하고 오랫동안 우정을 유지하기 위해서는 지혜롭게 판단해야 합니다. 정말 신중한 자세로 숙고해야 하지요. 대신 그 판단의 과정에서 직업의 귀천이나, 재산의 많고 적음 등은 기준이 되어서는 안 됩니다. 다시 말하면 미덕을 갖춘 착한 사람인지가 제일 중요합니다. 만약에 나의 이익과 필요에 따른 현실적인 조건에 끌려 친구가 된다면, 그 관계는 금방 끝나게 될 것입니다. 착한 성향을 지닌 사람들이 서로의 미덕에 끌리면서 우정이 시작된다면, 그 우정을 키워 가는 동력은 바로 착한 삶의 지속적인 실천입니다. 그래서 진정한 우정을 위해서는 서로 반드시 지켜야 할 규칙들이 있습니다. 과연 그 규칙들은 무엇일까요?

아무리 친한 친구라 해도 가끔은 섭섭하거나 속상할 때가 있지요? 처음 이야기 속 아이도 친한 친구라고 생각한 소은이가 부탁을 들어주지 않아 크게 실망했습니다. 그렇다면 우리는 진짜 우정이라고 생각하는 친한 친구를 위해 어느 정도까지 해줄 수 있을까요? 참 곤란한 질문이지요. 그런데 친구를 위해 옳지 못한 행동까지 한다면 과연 그 우정은 영원할 수 있을까요?

키케로는 우정을 위해 반드시 지켜야 할 규칙들이 있다고 말합니다. 가장 먼저 도덕적으로 잘못된 행동은 요구해서도 안 되고, 들어주어서도 안 된다고 말합니다. 소은이의 역할은 선생님을 대신해 친구들의 숙제를 검사하는 일이지요. 이는 선생님과 소은이 사이의 약속이기도 합니다. 아무리 자신과 친한 친구여도 숙제를 해오지 않았다면, 약속대로 선생님께 정직하게 말씀드리는 게 맞는 행동이지요. 친구에게 거짓말을 부탁하는 행동이 분명한 잘못이라는 점은 두 학생 모두 알고 있습니다. 만약 친구를 위한다는 마음에 소은이가 선생님께 거짓말을 했다면 그 역시 잘못된 일입니다. 친구를 위해 그랬다는 것은 변명이 될 수 없어요. 그러므로 친구에게 잘못된 편의를 부탁하거나 이를 들어주는 행동은 두 사람의 진정한 우정을 위해서도 걸림돌이 되는 일입니다. 그런데 과연 소은이의 입장이 되었을 때 소은이처럼 일을 처리할 수 있는 사람이 얼마나 될까요? 특히 한국 사회는 정을 중시하면서 공과 사를 제대로 구분하지 못하는 경우가 많습니다. 친구에게 잘못된 부탁을 하고는 들어주지 않았다고 친구 관계가 어긋난 경우를 주변에서 많이 볼 수 있으니까요. 또 한때는 드라마나 영화에서 조직폭력배들이 '우정'이나 '의리'라는 가치를 내걸고 부정한 협력을 보이는 장면도 많이 나왔습니다. 그들의 모습이 진정한 우정의 대명사인 것처럼 미화되기도 했었지요. 그래서 친구를 위해 어쩔 수 없이 죄를 범하는 선택은 도의적으로 면죄부를 받기도 합니다. 하지만 이는 진정한 우정이 아닙니다. 위험한 착각일 뿐입니다. 진정한 우정은 친구의 그릇된 길을 그냥 바라보지 않습니다. 함께 옳은 길로 나아가기 위해 노력하지요. 친구가 악덕의 동반자가 아닌 미덕의 조력자가 될 때, 그 우정은 더욱 빛나게 되는 것입니다.

다음으로 키케로는 친구가 어려움에 빠졌을 때 적극적으로 도와야 한다고 말합니다. 절대 주저해서는 안 된다고 당부합니다. 어려울 때 친구가 진짜 친구라는 말이 있듯이, 친구와 함께할 수 있어야 하지요. 친구의 불행을 비난하거나 의심하지 않고, 견실하고 의연한 자세로 친구를 대하며 힘을 보태야만 합니다. 그래야만 진정한 친구의 자격이 있는 것이지요. 물론 어려움에 빠진 친구를 도와주는 게 쉬운 일은 아닙니다. 인간은 자신의 입장을 고려하지 않을 수 없으니까요. 영화 「우리들」의 '지아'는 이전 학교에서 따돌림을 당해 전학을 오게 되었습니다. 그래서 새로운 학교에서 자신을 맞아 준 '선'이 학급에서 따돌림을 당하고 힘들어하는 모습을 보면서도 자신도 그렇게 될지 모른다는 두려움에 도와주지 못하죠. 오히려 다른 아이들의 편에 서서 선을 따돌리기 시작합니다. 친구라고 생각했던 지아의 행동에 선은 마음의 상처를 입지요. 하지만 지아에게 우정의 마음이 남아 있던 선은 지아가 다른 친구들에게 부당한 대우를 당했을 때 나서서 도와줍니다. 진정한 친구라면 선이처럼, 이해관계는 차치하고 무조건 도와줄 수 있어야 합니다.

마지막으로 친구가 바르지 못한 길로 들어설 때는 거침없이 솔직하게 충고할 수 있어야 합니다. 그리고 좋은 충고를 전하는 친구가 있다면 그의 말을 귀담아듣고 실행하도록 노력해야죠. 우정의 관계에서 충고와 조언은 서로를 올바른 삶의 방향으로 이끌어 줄 수 있습니다. 그러므로 친구에 대한 전적인 신뢰를 바탕으로 이를 수용하고 행동하려는 태도가 필요합니다. 하지만 이 또한 어려운 일이지요. 몸에 좋은 약이 입에 쓴 것처럼 계속되는 친구의 조언은 관계를 껄끄럽게 만들지도 모릅니다. 하지만 둘 사이가 진정한 우정이라면 모든 것을 감수하더라도 친구를 위해 바른말을 할 수 있어야 합니다.

우정을 지속하기 위한 세 가지 규칙은 특별하지 않습니다. 그런데 이 간단한 규칙들을 지키는 것은 대단히 어렵지요. 그래서 키케로는 우정에서 인간관계의 최고 이상형을 볼 수 있다며, 역사적으로도 진정한 우정을 나눈 사람들은 얼마 되지 않는다고 말하죠. 우리나라의 오성과 한음처럼 진정한 우정을 나눈 사람들은 오랜 시간 동안 회자되듯이, 동서양을 막론하고 우정은 어려운 과제입니다. 하지만 동시에 끝까지 추구해야 할 삶의 과업이기도 하지요.

요즘에는 우정도, 사랑도 너무 쉽게 변한다는 생각이 듭니다. 그만큼 사람들이 느끼는 가치도 많이 달라졌다는 의미겠지요. 게다가 혼밥, 혼술 등의 문화가 일반화되어 가는 것을 보면 친구나 우정이라는 단어가 설 자리도 점점 작아지는 듯합니다. 관계 속에서 미덕보다는 세속적인 조건이 더 중요한 위치를 차지하고 있어 그런 것은 아닐까 싶습니다. 우정이 현실적인 이익에 의해 좌우된다면 모래 위의 성처럼 작은 흔들림에도 무너질 수 있습니다. 다시 한번 우정의 진정한 가치에 대한 숙고가 필요한 시기라고 생각합니다. 사회에 고독이 만연해지면서 얼핏 무뎌진 듯 보이지만, 우정의 부재에 따른 허전함은 여전히 우리 주위에 남아 있습니다. 바쁘고 힘들수록 나의 고민에 귀 기울여 줄 수 있는 친구야말로 인생 최고의 선물입니다. 지금 가장 먼저 떠오르는 친구에게 전화라도 한 번 걸어 보는 건 어떨까요?

진정한 친구를 만나는 것이 중요함은 모두가 알고 있습니다. 다양한 사람들과 관계를 맺음으로써 세상과 사람에 대한 이해도 높아지고 좀 더 섬세한 사람이 될 수 있을 테니까요. 특히 청소년기 아이들의 삶에서 친구는 부모보다 더 큰 자리를 차지합니다.

하지만 요즘 어른보다 바쁜 우리 아이들은 학교와 학원 등지에서 극도의 피로감에 시달립니다. 그래서인지 쉽게 화내고 폭발해 버리는 모습들을 볼 때면 마치 시한폭탄 같기도 합니다. 이런 아이들이 자신을 돌아보거나 주변 사람들에게 관심을 갖는다는 것은 쉽지 않겠지요. 하지만 이럴 때일수록 아이들은 친구를 만나야만 합니다. 친구와 미세한 감정을 나누는 과정만으로도 많은 것을 배우고 느낄 수 있습니다. 그러한 감성이 살아날 때 우리 아이들의 삶의 질도 보다 나아지겠죠. 아이들에게 좀 더 여유와 자유로움을 만끽하게 해준다면 우정과 삶에 대한 성찰도 이루어질 수 있습니다.

# "친구가 죽으라면 죽을 거야?"

— 의지의 자율로서의 자유

## ● 질문이 시작되는 순간

소희가 투덜거리며 내게 속상한 일을 털어놓았다. 옆 반에 있는 가영이가 농구 시합을 하다가 자신의 발을 밟았고, 심지어 가영이가 던진 공에 얼굴을 맞기까지 했다는 거였다. 소희는 시합에서도 졌는지 기분이 엄청 좋지 않은 상태였다. 가영이가 미안하다며 정식으로 사과도 했다고 하는데 여전히 분이 풀리지 않았나 보다. 소희는 내게 가영이랑 놀지 말자고 제안했다. 사는 동네도 같고, 학원도 셋이 함께 다녀서 줄곧 같은 공간에서 시간을 보낼 텐데, 어쩌지? 그런데 소희는 학교에서 기가 센 친구다. 소희의 말을 따르지 않았다가는 내가 왕따가 될 거 같았다. 내키지 않았지만 그렇게 하겠다고 했다. 약속대로 나는 가영이 전화도 받지 않았고, 계속되는 문자에도 답을 하지 않았다. 소희와 둘이서만 붙어 다녔다. 반대편 자리에 혼자 앉아 있는 가영이 모습이 외로워 보였다. 미안하지만 어쩔 수 없었다. 며칠 뒤 담임 선생님께서 어떻게 아셨는지 가영이와 모른 척하고 지낸 나를 혼내셨다. 나는 사실 미안한 마음은 있었지만, 소희가 시켜서 그렇게 할 수밖에 없었다고 말씀드렸다. 사실, 그게 사실이다.

## 결과보다 의도의 중요성을 아는 우리

자율성은 중요한 가치입니다. 예를 들어, 부모님이 시켜서 하는 공부와 내가 즐거워서 하는 공부의 질과 결과가 같을 수 없죠. 단지 '누가 시켜서', '하라고 하니까…' 어떤 일을 하는 것이 우리가 추구해야 할 삶의 방향 같아 보이진 않습니다. 아이가 탈이 날 만한 일을 하고서 자신도 좋아서 한 게 아니라 친구가 하자고 해서 했다는 말을 듣게 되면 어떨까요? 자신의 선택이 아니라면 그 잘못은 정녕 비자발성이라는 이름으로 사라지는 걸까요? 그래서 학생이 이런 식으로 핑계를 대면 보통의 부모님은 으레 더 혼을 내기 마련입니다. "친구가 죽으라면 죽을 거야?"라는 말과 함께 말입니다. 과격한 표현처럼 들릴 수 있지만, 부모님은 자녀가 스스로 판단해 행동하지 못하고 친구에 끌려다녔다는 사실에 더욱 화가 날 것입니다.

우리는 어떤 행위에 대해서 도덕적으로 평가할 때 행위 결과의 좋고 나쁨뿐만 아니라 행위의 의도를 함께 생각하게 됩니다. 오히려 행위 과정에 도덕적 가치를 두는 편이지요. 그래서 어떤 행위가 가져온 결과가 좋지 않더라도 도덕적 동기가 밑바탕에 있었다면 행위 주체는 위로와 격려를 받을 수 있습니다. 반대로 옳은 일을 할 때도 마찬가지죠. 다른 사람이 시켜서 했거나 억지로 한 행동이라면 그 결과가 아무리 좋다고 하더라도 도덕적 가치는 반감됩니다.

아이들은 자꾸 어려운 질문을 한다

어떻게든 조금이라도 덜 혼나기 위해 친구를 핑계로 삼는 아이의 행동은 결코 바람직한 행동은 아닙니다. 잘못을 솔직하게 말하지 못하는 데에는 여러 이유가 있겠으나, 어찌 됐건 자신의 행동이 순전히 자신의 의도가 아니었다는 논리를 펴서 조금이라도 잘못을 덜어 보려는 목적에는 변함이 없습니다. 친구를 왕따 시킨 것도 나쁜 행동이지만, 옳고 그름을 명확히 판단할 수 있었음에도 친구의 제안에 휘둘려 줏대 없이 행동하고, 나아가 책임까지 피하려는 태도는 더 큰 과오입니다.

주체적으로 살아야 할 아이가 다른 사람에게 끌려다니는 모습을 보면서 좋아할 부모는 없습니다. 평생을 부모가 지켜 주거나 모든 일을 대신 결정해 줄 수도 없는 노릇이니까요. 우리는 아이가 맞닥뜨릴 일련의 상황들에 대해서 어떻게 행동하는 것이 옳은지 하나하나 가르쳐 줄 수 없습니다. 아무리 비슷한 상황이라고 하더라도 그 원인과 그 상황에 놓여 있는 사람들의 처지는 제각각 다르기에, 모범 답안은 존재하지 않을 테고 말이죠.

## 칸트와 선의지

우리는 일상에서 도덕적 문제 속에 놓일 때 바람직한 대안을 선택하기 위해 숙고합니다. 무엇이 옳은 일이고 최선인지를 고민합니다. 여러분은 옳고 그름을 판단할 때 보통 어떤 기준을 활용하시나요? 우리가 어떤 행위를 도덕적으로 옳은 일이라고 말하기 위해 꼭 거쳐야 하는 최소한의 필터가 있다면 무엇일까요? 필요충분조건은 아닐지라도, 행위의 동기가 바로 그중 하나가 될 것입니다. 앞서 말했듯, 만약 어떤 사람이 한 행동의 결과가 좋지 않더라도 선한 의도를 갖고 한 일이었다면, 그렇지 않았을 때보다 훨씬 관대하게 평가받습니다. 법적 처벌을 내릴 때도 마찬가지입니다. 누군가가 나쁜 행동을 했을 때 어떤 의도를 가지고 했는지를 고려하여 처벌 수위를 결정합니다.

우리는 여기서 '선의지' 개념을 사용한 철학자 칸트와 만나게 됩니다. 칸트는 『순수이성비판』, 『실천이성비판』, 『판단력비판』이라는 3대 비판서를 남긴 철학자로 기억되고 있는데요. 무엇보다 그는 인간의 도덕을 자연적 경향성이나 경험적 원리와는 다른 차원에서 정초하고자 노력한 사람입니다. 방법적으로 인간의 선의지에서 출발하여 보편타당한 도덕법칙의 형식을 도출하고 있습니다. 선의지란 우리가 어떤 대가를 바란다거나 개인적 욕망에 이끌려 선한 행위를 하려는 게 아니라, 그 일이 단지 옳기에 자신의 도덕적 의무로 받아들이고 이행하려는 의지를 의미합니다.

칸트에 따르면, 인간의 도덕적 행위는 목적이 아니라 의무감에서 비롯됩니다. 누군가의 행동을 순수하게 도덕적이라고 말할 수 있으려면, 그 행위의 동기가 이익이나 어떤 목적 따위에 있는 게 아니라, 그 자체로 선한 일이기 때문에 실천했어야 합니다. 선의지는 그 자체로 선합니다. 그래서 선하게 살고자 하는 의지 자체를 비난하는 사람은 있을 수 없습니다. 어렵고 힘들게 자란 사람에게도, 부유한 환경에서 자란 사람에게도 선의지만큼은 언제 어디서나, 아무런 제한 없이 선하다고 말할 수 있습니다.

삶에서 우리가 바람직한 것으로 여기며 추구하는 가치들이 많이 있는데, 칸트는 왜 굳이 선의지를 여타의 다른 가치보다 우위에 두었을까요? 예를 들자면 예절, 용기, 겸손, 정직도 분명히 좋은 가치들입니다. 그런데 이러한 덕목들조차 행위 주체가 선하지 않은 의도를 갖고 실천했을 경우, 얼마든지 나쁜 결과를 초래할 수 있습니다. 침착함도 악한 사람이 자신의 악행을 위해서 사용한다면 없느니만 못한 것처럼 말입니다. 그래서 칸트는 단연코 오직 선의지만이 무조건적으로 선하다고 말합니다. 선의지는 우리가 어떻게 행동해야 하는지에 대한 구체적인 내용을 담고 있는 게 아니라, 형식으로서 다른 가치들의 조건이 되어 줍니다.


## 도덕법칙과 정언명령

선의지는 의무 개념과 맞닿아 있습니다. 만약 우리가 단순히 마음이 이끄는 대로, 자연적 경향성에 따라 행위했다면 아무리 그 행위가 좋은 결과를 낳았다고 하더라도 도덕적 가치를 부여하기 어렵습니다. 오로지 자신에게 부과되는 도덕적 의무감에 따라 행위했을 때 도덕적 가치를 갖게 됩니다. 그렇다면 그 의무는 어디로부터 오는 것일까요? 이는 결코 나의 외부에서 부과되는 것이 아닙니다. 사회에서 정한 약속이기 때문에, 부모님 말씀이기 때문에, 선생님께서 하라고 해서 등은 외적인 강제에 해당합니다. 그와 달리 우리는 각자 자기 내면으로부터 밀려오는 의무감을 생각해 볼 수 있습니다.

살면서 거짓말해 본 적이 있나요? 엄청나게 대단한 거짓말만 있는 건 아니죠. 어렸을 때는 엄마한테 혼날까 봐 두려워, 커서는 다른 사람과 굳이 갈등을 만들지 않기 위해서 거짓말을 하기도 합니다. 남편이 차려 준 음식이 맛이 없는데 맛있다고 칭찬하기도 하고, 아내의 옷차림이 그다지 예뻐 보이지 않는데 예쁘다고 말하기도 합니다. 흔히 '하얀 거짓말'이라고 하지요.

거짓말로 점철된 인생을 사는 사람은 늘 자신의 행동으로 인해 예상되는 결과를 생각하며 사는 사람입니다. 즉 자신이 원하는 결과를 얻기 위해서 거짓말을 하는 겁니다. 하얀 거짓말도 결국 마찬가지입니다. 기대되는 결과와 상관없이, 거짓말을 하는 것이 단지 선하지 않다는 이유로 거짓말을 하지 않을 때, 바람직하다고 평가할 수 있습니다. 여기서 우리는 다시 한번 칸트를 떠올리게 됩니다.

칸트에 따르면, 우리의 의지에 주어지는 명령의 형태에는 크게 가언적 명령과 정언적 명령이 있습니다. 이 중 도덕법칙이라면 마땅히 정언명령을 취해야 합니다. 우리가 어떤 행위를 함에 있어서 한낱 무언가 다른 것을 위해, 즉 수단으로서 행위한다면 그때 나에게 내려진 명령은 가언적입니다. 실제로 우리는 특정 목적이나 결과를 기대하면서 행위하는 경우가 대부분이지요. 따지고 보면, 인간은 저마다 행복하고 싶다는 의도에서 행위합니다. 이에 반해, 정언명령은 바로 어떤 행위를 그 자체로서, 여타의 목적과 관계없이 필연적인 것으로 표상하는 명령입니다. 도덕의 가치는 행복과는 별개로 존재합니다. 도덕법칙은 그 자체로서 가치 있으며 숭고합니다.

## 의지의 자율로서의 자유

인간은 실천이성을 가진 존재입니다. 우리는 실천이성을 통해 스스로에게 명령을 내릴 수 있습니다. 이때의 명령은 이성적 존재인 인간이 따라야 할 절대적이고 보편타당한 실천법칙을 의미합니다. 이것은 모든 경험적 요소들과 내용들이 배제된, 순수하게 형식적인 성격의 도덕법칙이라고 할 수 있지요. 나에게 부여되는 의무는 나의 이성이 명령함으로써 발생합니다. 즉, 보편타당한 도덕법칙에 대해 마음속에서 우러나오는 존경으로부터 의무가 비롯됩니다. 여기에는 인간의 경향성이나 결과에 대한 고려 등 다른 어떤 조건도 붙어서는 안 됩니다.

처음 이야기로 돌아가서, 만약 아이가 단지 친구의 부탁 때문에 친구를 따돌렸다면 가언명령에 의존한 것이라고 볼 수 있습니다. 한 친구를 왕따 시킨 이유가 곧 자신의 친구 관계를 유지하려는 목적에 기반한 수단인 셈이죠. 이러한 행위는 자신을 위한다는 인간의 자연적 경향성의 범주에서 이해될 수 있습니다. 그러나 욕구나 충동, 자기애와 같은 경향성에 이끌려 사는 삶은 타율적인 삶입니다. 칸트의 말을 빌리자면, 우리는 이와 같은 자연적 경향성을 거부하고 자기 내면의 도덕법칙을 따르려는 의지를 발현해야 합니다.

인간은 스스로 도덕법칙을 세우고 거기에 복종하며 살아갈 수 있습니다. 주체적인 사람이라면 자신의 욕망이나 다른 사람의 명령 따위에 의존하지 않고, 자신의 의지로써 보편타당한 도덕법칙을 수립하고 그것을 실천해야 합니다. 자신이 세운 도덕 준칙이 일반화 가능하다면, 그 이유만으로 그것을 따르려는 의지가 작동되어야 합니다. 그런 사람만이 자기 삶의 주인이라고 말할 수 있습니다. 같은 맥락에서 자유의 본질적인 의미 역시 인간이 자율적인 의지에 따라 스스로에게 도덕적 명령을 부과하는 데에서 찾을 수 있습니다.

모든 사람에게 기꺼이 받아들여질 수 있는 도덕 준칙이

있다면 무엇일까요? 칸트의 말을 빌리자면, "네가 네 자신의 인격에서나 다른 모든 사람의 인격에서 인간을 항상 동시에 목적으로 대하고, 결코 한낱 수단으로 대하지 않도록, 그렇게 행위하라"입니다. 우리 스스로 세운 도덕 준칙이 보편적 법칙으로서 타당할 수 있는가를 따져 보면서 행위하는 사람이야말로 분명 자유로운 삶을 산다고 볼 수 있습니다. 인간은 자유를 누리며 선을 실천할 수 있는 존재입니다. 실천이성의 토대 위에 자기 삶의 주인으로 살도록 스스로에게 응원을 보냅시다.

# 콤플렉스와 열등감

— 오늘도 인정투쟁하며 산다

### ● 질문이 시작되는 순간

우리 반 친구의 엄마는 다른 나라 사람이다. 그 엄마는 어떨지 몰라도 적어도 내 친구는 그냥 다른 친구들과 똑같다. 같은 유행어를 쓰고, 같은 방송을 보고, 같은 게임을 한다. 어느 날 다른 반 친구가 내 친구한테 시비를 걸어왔다. 나는 그냥 무시하고 가라고 했지만 친구는 참지 않고 기어이 싸움을 벌였다. 굳이 문제를 일으켜야만 했을까? 나는 친구가 나와 다르다고 생각하지도 않고, 걔네 엄마 아빠도 엄청 좋으시고, 그냥 좋게 좋게 넘어가도 문제될 게 하나도 없을 것 같은데 말이다. 솔직히 말해서 모든 사람들한테 다 인정받는 건 어려운 일 아닌가? 꼭 피부색이 다르다는 이유가 아니더라도, 다른 사람들한테 제대로 인정받지 못하는 일은 늘 있는 것 같은데 말이다.


## 인정과 무시

'인간은 사회적 동물이다'라는 아리스토텔레스의 유명한 격언이 있지요? 공동체 안에서 살아가는 우리에게 타인은 항상 고려해야 할 대상입니다. 그리고 타인과 긍정적인 관계를 맺기 위해 상호 간의 인정은 매우 중요합니다. 인정은 성공적인 삶을 위해서 우리가 갖추어야 할 사회적 조건이자 동시에 긍정적인 자기의식을 심어 줄 수 있는 심리적 조건이기도 합니다.

　인정을 바탕으로 타인과 원만한 관계를 유지하기 위해서는 먼저 자신과 타인에 대한 정확한 이해가 필요합니다. 보통 우리는 자기 자신은 물론이고, 자신과 매우 가까운 사람들에 대해 잘 알고 있다고 생각하죠. 하지만 그런 절대적인 믿음은 종종 무너지기 마련입니다. 실제로 내가 생각하는 나의 모습과 타인들의 생각이나 기대는 전혀 다를 수 있으니까요. '나'는 하나인데 내가 생각하는 '나'와 남들이 생각하는 '나'는 다른 여러 모습으로 존재하곤 합니다. 남들이 생각하는 '나'는 사회적으로 만들어진 모습입니다. 미국의 사회학자 조지 허버트 미드는 이를 '목적격 나'라고 말합니다. 반대로 남의 시선보다는 자신의 생각을 중요하게 생각하며 주체적으로 행동하는 '나'는 '주격 나'라고 부르지요. 이 두 가지의 '나' 사이에는 종종 긴장 관계가 형성됩니다. 독일의 철학자 악셀 호네트는 우리가 이 긴장의 연속에서 '주격 나'가 '목적격 나'와는 다른 그 자신만의 고유한 부분을 사회적으로 인정받기 위해 투쟁의 한가운데 서게 된다고 말합니다.

　타인에게 인정받기 위해서는 두 개의 '나' 사이에 화해의 과정이 필요합니다. 하지만 실제 사회에서는 서로가 기대하는 '나'의 차이로 인해 많은 갈등이 발생하지요. 누구라도 출신이나 피부색 등 자신의 조건과 관계없이 인정받고 싶어 합

아이들은 자꾸 어려운 질문을 한다

니다. 하지만 타인의 시선은 우리의 바람대로 되지 않지요. 때로는 이해하지 못할 이유로 배제되거나 무시당하기도 합니다. 이러한 무시는 인간을 한없이 움츠러들게 하고 세상과의 소통을 방해하기까지 합니다.

우리가 삶을 단순한 생명 보존이 아니라, 자기 이해를 토대로 한 자아실현의 과정으로 이해한다면, 타인의 인정은 행복한 삶의 필수조건입니다. 내가 속한 공동체에서 나의 인격을 존중하고 개성을 높게 평가해 준다면, 자존감과 삶의 만족도는 높아지겠지요. 반대로 타인의 인정 대신 무시를 지속적으로 경험한다면 어떨까요? 집단에서 경험하는 무시와 모욕 등은 개인을 심리적으로 피폐하게 만듭니다. 세상의 문을 박차고 날개를 펼치려는 존재에게 보내는 부정적 시선과 손가락질은 누구라도 견디기 어렵겠지요. 그 어떤 조건의 사람이라도 당당한 주체로서 세상에 녹아들 수 있도록 사회적 분위기가 형성되어야 합니다.


## 다양한 인정의 모습들

개인이 자아를 형성할 때 사회적 관계를 맺는 다른 대상들과의 상호인정은 반드시 필요합니다. 인정이 이루어지지 않을 경우 관계 형성에 많은 어려움을 겪고 공동체 구성원으로서 소속감을 느끼기도 힘들어집니다. 이야기 속 아이 또한 마찬가지입니다. 다문화 가정의 아이는 학교에 들어가고 주변에 비교 대상이 많아지면서 자신과 친구들 사이의 다름을 점차 뚜렷이 인식하게 됩니다. 그 차이로 인해 정체성 혼란을 겪기도 하고, 콤플렉스나 열등감을 경험하기도 할 겁니다. 곁에 좋은 친구들도 있겠지만, 자신을 알아주는 한두 사람으로는 부족할 때가 있죠. 다름으로 인한 갈등의 씨앗은 점점 커질 것이고, 또래 친구들과 원만한 관계를 유지하지 못할 수도 있습니다. 영화 「완득이」의 주인공도 비슷한 상황에 놓여 있는데요. 완득이에겐 장애를 지닌 아버지와 얼굴 한번 제대로 본 적 없는 외국인 어머니가 있습니다. 그는 자신이 처한 환경을 부정적으로 여기고, 다른 사람은 물론 또래 친구와도 소통하려 들지 않은 채 자기 안에 갇혀 계속 숨기만 합니다. 완득이에게 세상은 그저 부정적이고 반항하고만 싶은 곳이지요. 그가 부적응자나 이방인이 아닌 사회의 당당한 구성원으로 살아가기 위해서는 다양한 형태의 인정이 필요합니다.

악셀 호네트는 인정을 크게 세 가지로 보는데요. 먼저 개인적인 관계에서 시작하는 기본적인 인정형식이 있습니다. 내가 어떤 사람이든 관계없이 나를 진심으로 아껴 주는 사람과 우정을 나누고, 사랑을 할 수 있다면 그 자체로 인정 관계는 시작된 것입니다. 완득이의 담임 선생님 동주는 조금은 거칠고 투박하지만 끊임없이 제자를 세상 밖으로 끄집어내기 위해 노력합니다. 제자의 투정에도 계속되는 그의 노력 덕택에 완득이는 꿈을 갖고 점차 세상 밖으로 나옵니다. 자신을 인정하는 스승의 마음을 느끼며 조금씩 자신감을 갖지요.

두 번째는 각 개인이 사회의 구성원으로서 온전한 법적 권리를 인정받는 것입니다. 이 세상을 살아가는 모든 사람들은 남들과 동등한 권리를 누리고 싶어 하지요. 그래서 평등에 관한 문제는 시대와 사회를 막론하고 항상 중요한 화두로 제시됩니다. 여전히 사회의 소수자들은 사회의 구성원으로서 누려야 할 권리의 밖에 놓여 있을 때가 많습니다. 지금도 외국인 노동자들은 똑같이 일을 하거나, 아니 일을 더 많이 하더라도 제대로 된 대우를 받지 못할 때가 있지요. 이들의 기본적인 권리를 보장해 주기 위해서는 사회적 차원의 노력이 필요합니다. 권리를 똑같이 나누어 갖는다는 것은 법적인 차원을 넘어 도덕적·윤리적 차원의 평등까지 의미하는데요, 이렇게 공동체 내에서 개인의 권리와 의무가 인정받을 때 개인들의 자존감은 높아집니다.

마지막은 개인을 넘어 가치나 목적을 공유한 공동체의 구성원으로부터 인정받는 것입니다. 생김새나 출신 등에 구애받지 않고 그 자체로 가치 있는 존재로 인정받을 때 사회적 연대를 경험할 수 있습니다. 그렇게 될 때 개인은 스스로 이 공동체의 일원이라는 소속감과 함께 자신이 무엇인가 기여하고 있다는 자긍심을 느끼지요. 특히 사회적 소수에 속하는 사람들은 동등한 법적 권리 보장뿐만 아니라 사회에서 의미 있는 존재가 되고 싶어 합니다. 사회의 다른 구성원들에게 똑같은 존재로 인정받는 그 순간에 그들은 비로소 자신이 속한 이곳을 진정 사랑하게 되겠지요.

## 인정을 위한 노력

물론 사회에서의 상호인정은 쉬운 일이 아닙니다. 아직 많은 곳에서 '다름'을 '틀림'으로 인식하는 데다가 다수와 다르면 배제해 버리곤 하니까요. 하지만 분명 시대는 달라지고 있습니다. 이미 여러 방면에서 이질적인 사람들이 공존하고 있는 다원적인 사회가 되었고, 사회가 잘 작동하기 위해서는 저마다의 차이를 인정해야만 하죠.

　혼자서만 기존의 가치관에 매몰되어 독불장군처럼 살아간다면 구성원들과의 갈등을 피할 수 없습니다. 이러한 갈등의 경험이 개인뿐만 아니라 집단으로 확대될 때, 사람들은 사회의 인정질서를 재편하려는 투쟁에 나서게 됩니다. 그동안 받아 왔던 모든 형태의 무시들이 분노라는 심리적 반작용으로 나타나게 되고, 이는 인정투쟁을 본격적으로 추진하는 동기가 되지요. 인정투쟁은 개인이 기존의 인정질서와 대립할 때 발생하는 모든 형태의 투쟁을 가리킵니다. 인정질서에 저항하는 투쟁을 몇몇 집단의 단순한 분노 표출로만 볼 수는 없습니다. 그들은 투쟁을 통해 자신을 무시하는 상대방을 파괴하려는 것도 아니고, 이 사회 자체의 철폐를 도모하지도 않습니다. 단지 소외받는 사람들의 삶을 보호하기 위해 새로운 질서를 만들고자 노력할 뿐입니다. 단순히 신체적, 물질적 이익을 추구하는 투쟁과는 다르죠. 그래서 호네트는 인정투쟁을 현대사회를 건강한 사회로 회복시키는 정당한 투쟁이라고 말합니다.

인정투쟁은 사회의 성숙도를 측정하는 바로미터와 같습니다. 한국의 시민들이 촛불집회에서 보여 준 투쟁의 모습은 개인이 이제 결코 선거 기간에만 존중받는 한 표에 불과하지만은 않음을 보여 줍니다. 헌법에 명시된 주권적 존재로서, 우리 사회의 중요한 의사를 결정하는 주체적 일원으로 인정받고 싶다는 말이겠지요. 그리고 사회적 소수자 또한 배제받지 않고 당당한 사회 구성원으로, 보편적인 권리를 누리고 연대의식을 공유할 수 있어야 합니다. 최근 한국 사회에서 커지는 성소수자들이나 장애인들의 목소리 등도 이와 같은 맥락에서 이해할 수 있습니다.

사회가 보다 살기 좋은 공동체로 발전하기 위해서는 인정투쟁을 적극적으로 이해해야 합니다. 호네트는 인정투쟁을 일종의 정의투쟁이라고 말합니다. 구조적이고 문화적인 '무시'에 저항하면서, 합당한 인정을 얻기 위해 싸우는 과정은 사회를 조금 더 정의롭게 만들기 때문이지요. 우리가 그 투쟁에 참가하는 사람의 목소리에 귀 기울이고 공감할 때 진정으로 '다름'이 존중받는 사회가 될 수 있습니다.

소설 『완득이』의 주인공 완득이는 난쟁이라 놀림받는 아버지와 동남아 출신의 어머니 사이에서 태어난 가난한 집안의 아이입니다. 완득이는 친구 없이 항상 자신만의 세상 속에 숨어 살고 있습니다. 하지만 담임 선생님을 만나면서 엄마와 재회하고 킥복싱도 배우며 점차 세상 밖으로 발을 딛습니다. 가난과 아버지의 장애, 그리고 피부색 등은 오랜 시간 완득이를 움츠러들게 만들었죠. 하지만 자기만의 세계에 갇혀 있을 때조차도 완득이는 분명히 간절하게 '도완득'이라는 한 사람으로 인정받고 싶었을 겁니다. 사람에게는 누구나 인정욕구가 있습니다. 누군가의 인정욕구가 우리 사회에 만연해 있는 몇 가지 기준들로 인해 무시당하는 일은 없어야겠죠? 지금도 완득이처럼 자신의 꿈을 좇아 열심히 살아가는 모든 분들을 응원합니다.

# 학교 가기 싫은 아이를 위한
# 학교는 없을까?

## ―학생의 행복을 찾아서

● **질문이 시작되는 순간**

내가 학교에 가기 싫은 이유는 꼭 내가 공부를 못해서만은 아니다. 필요성을
못 느낀다고 해야 할까? 엄마한테 회사 다니면서 방정식이나 근의 공식이 필
요한 적 있냐고 물으니 엄마도 아무 말 못 하신다. 내가 배우고 싶은 건 유튜브
로도 충분히 배울 수 있는데 어째서 교실에서 내 시간을 허비해야 하는지? 그
래도 졸업은 해야 한다고, 대학은 가야 한다고 부모님이 말씀하시긴 하는데 남
들이 대학에 간다고 나도 꼭 가야 하는 걸까? 무엇보다도 학교에 가는 게 너무
재미가 없는데 어째서 필요하지도 않고 행복하지도 않은 일로 나의 인생을 채
워야 하는 것인지 나는 진짜 이해할 수가 없다.

행복을 찾는 아이

학교를 꼭 다녀야 하느냐는 아이의 질문에는 학교 가기 싫
다는 의미가 내포되어 있기 마련입니다. 그래서 자녀에게서
학교를 다니는 것의 당위성에 대한 푸념 섞인 질문을 들으
면 어른들은 걱정부터 앞섭니다. 혹시 학교에서 친구 관계

가 좋지 않다거나 선생님과 성향이 맞지 않는 건 아닌지, 자녀한테 무슨 일이 있는 건 아닌지 노심초사하게 됩니다. 사실 자녀가 학교 가기를 싫어하는 구체적 이유가 있다면 의외로 해결은 쉽습니다. 그 이유를 제거하면 되니까요. 문제는 학교에 가기 싫은 이유가 딱히 없는 경우입니다. 학교에 가면 즐겁지 않다고, 재미없다고 할 때가 그렇지요. 학교생활이 즐겁지 않은 아이에게 부모나 교사로서 즐거움을 선사하기란 매우 어려운 일입니다.

"학교를 재미로 다니냐? 공부하러 다니지." 이러한 답변은 부모가 의도하지 않았어도 마치 공부는 재미없는 일이 맞지만 그래도 학교는 참고 다녀야 하는 곳이라는 느낌을 줍니다. 만약 아이 스스로가 학교에 가는 게 자신의 행복에 더 도움이 될 거라는 사실을 알면서도, 잠깐의 기분에 따라 등교를 거부한다면? 아이의 일시적인 일탈로 보고 넘어갈 수도 있겠지만 그렇게 순간의 감정에 이끌리는 삶을 산다면, 시간이 한참 지나서는 과연 어떤 모습으로 살게 될까요? 그러니 어쨌든 참고 다니라는 말로 들리려나요? 학교에 다니는 이유는 결국 앎의 기쁨과 그로 인해 확장되는 우리의 세계, 그 행복을 느끼기 위해서인데, 지금은 너무 싫더라도 먼 훗날의 행복을 위해 현재를 잠시 포기하라는 식의 논리는 분명 어불성설 같습니다. 슬프기도 하고요.

영화나 드라마뿐 아니라 뉴스에서도 교육을 단순히 신분 상승이나 성공을 위한 수단으로 여기는 사람들을 많이 봅니다. 부모들은 어떤 부정적인 방법으로든 자녀를 좋은 학교에 보내고, 학교에서 아이들은 미래를 위해 참는다는 명분으로 그저 공부만 합니다. 세 시간 자면 대학에 붙고, 네 시간 자면 떨어진다는 '3당 4락'이라는 끔찍한 말이 있다는 것 자체가 현재 학교와 교육의 실상을 적나라하게 보여 주는 것 같죠? 하루에 고작 3시간 자 가며 공부만 하고 원하던 대학에 들어간들, 우리 자녀가 과연 행복할까요?

## 아리스토텔레스와 행복론

이쯤 되면, 우리는 자녀가 학교에 가느냐 마느냐보다 행복이 무엇인지에 대해 진지하게 이야기 나누는 것이 더 중요하다는 사실을 알 수 있습니다. 오늘날 학교가 학생의 행복에 얼마나 기여하고 있는지와는 별개로 학생들은 저마다 무엇이 행복인가를 곰곰이 생각해 봐야 합니다. 행복한 사람은 단적으로 자신의 삶을 '잘 사는' 사람입니다. 잘 산다는 건 무엇을 의미할까요? 어떤 사람이 행복하다고 말할 때, 행복이란 그의 삶 전체를 놓고 조망해야 합니다. 눈앞의 즐거움이나 만족에서 벗어나 자기 인생의 최고선을 지향해야 합니다. 행복한 사람이라면 한순간 틀어지는 일이 있더라도 크게 불안해하지 않고 '전반적으로' 안정적인 일상을 유지하는 게 가능할 겁니다. 일희일비하지 않는 삶, 전반적으로,

경향적으로 행복한 삶 말입니다.

고대 철학자 아리스토텔레스는 목적론적 윤리설에 입각하여 인간 행위의 궁극적인 목적이 행복에 있다고 보았습니다. 그리고 좋은 삶을 살기 위해서 우리에게 탁월성의 덕을 갖출 것을 주문합니다. 탁월성이란 인간이나 사물이 가지고 있는 유능성, 뛰어남을 의미하는데요. 구체적으로 아리스토텔레스가 상정한 인간의 본질적인 기능은 '이성에 따른 영혼의 활동'입니다. 즉, 행복한 사람은 언제나, 혹은 다른 누구보다도 탁월성에 따르는 것들을 행하며, 그것들을 사색한다는 것이지요.

이에 따르면 진정으로 자기 삶을 행복하게 사는 사람이라면 인생의 갖가지 운들을 가장 훌륭하게, 전적으로 적절하게 이용할 수 있어야 합니다. 아리스토텔레스의 말처럼, 이성을 활용한 숙고를 통해서 나에게 가장 좋은 선택과 활동을 해야 하는 거죠. 예를 들어, 우리는 저마다 행복을 추구하며 살아가지만, 그 과정이나 결과는 전혀 행복하지 않을 때가 있습니다. 분명히 이 길로 가면 행복에 도달할 수 있을 거라고 기대했지만, 막상 도착하고 나니 이 길이 아니라는 것을 깨닫고 뒤늦게 후회하기도 합니다. 이것은 우리가 처음부터 우리 자신에 대해서 잘 모르고 있었기 때문에 벌어지는 일입니다. 나를 모르니, 나 자신의 행복에 대해서도 제대로 알 수 없지요. 소크라테스가 '너 자신을 알라'고 말한 것도 바로 그런 이유에서입니다.

## 실천적 지혜

우리는 매 순간 선택의 상황에 직면합니다. 행복한 사람은 그야말로 잘 선택하는 사람입니다. 행복하기 위해서 우리는 각자가 처한 상황과 자기 삶 전체를 놓고 잘 숙고해야 합니다. 숙고함으로써 어느 길이 과연 행복에 긍정적인 쪽인지를 잘 알 수 있으니까요. 그래서 숙고를 잘한다는 것은 행복이라는 궁극적 목적을 성취하는 데 유용한 것을 따르는 올바름일 겁니다. 아리스토텔레스에 따르면, 이때 참된 파악이 가능하도록 우리를 돕는 것이 '실천적 지혜'(phronēsis)입니다. 이것은 교과서에 실린 지식과는 구별되는, 행위의 성격을 지닌 지식이라고 볼 수 있습니다. 단순한 영리함(deinotes)이나 기예(technē)와는 다릅니다.

실천적 지혜는 우리가 무엇을 행해야만 하고, 또 무엇을 행하지 말아야 하는지에 대해 명령을 내리는 기능을 수행합니다. 실천적 지혜를 가진 사람은 자신에게 좋은 것, 유익한 것들과 관련해 잘 숙고할 수 있습니다. 그런데 '잘 숙고한다'는 말은 건강이면 건강, 친구와의 관계면 관계, 어느 한 가지 측면에서만 살펴보는 것이 아니라, 전체적으로 잘 살아감과 관련해서 무엇이 좋고 유익한지를 최고로 잘 판단하는 것을 의미합니다.

실천적 지혜가 필요한 이유는 우리가 일상에서 만나는 상황들은 하나같이 구체적이며 다른 어떤 상황으로도 환원시킬 수 없는 유일한 것이기 때문입니다. 보통 우리의 인식은 지극히 추상화된 개념에 의존하여 상황을 파악하기 마련인데요. 그렇기 때문에 개인이 당면하는 구체적인 개별 상황에서 어떤 선택을 해야 하는지에 대한 정답은 미리 알 수 없습니다. 아이한테 "신호등이 빨간색일 때는 절대 횡단보도를 건너지 마라"라고 가르친 상황을 가정해 보죠. 만약 아이가 이것을 객관화된 지식으로 받아들이면 언제든지 문제가 발생할 수 있습니다. 예컨대 막다른 골목에서 신호가 바뀌기를 기다리고 있는데 저 멀리서 목줄이 풀린 맹견이 아이 쪽으로 달려오고 있다고 생각해 보죠. 과연 아이가 부모의 말을 고정불변의 가르침으로 받아들이고, 신호가 초록색으로 바뀔 때까지 건너지 말고 기다려야 할까요? 그러길 바라는 부모는 당연히 없겠지요.

"학교에서 무엇을 배우느냐"고 물으면 보통 교과목, 교과서에 담긴 지식을 떠올리죠. 읽기, 쓰기, 셈하기와 같은 도구적인 지식도 당연히 배워야 하지만, 그것만이 전부는 아닙니다. 앞에서 말한 실천적 지혜란 학문적 인식이나 보편화된 개념의 습득과 별개로 구체적인 실제 상황에서 어떻게 행위해야 하는지를 숙고하는 능력입니다. 여기에는 객관적 사실이 아니라 그 상황을 마주하고 있는 나 자신의 의견이 중요합니다. 스스로에게 가장 유익한 길을 찾고, 최적의 대안을 선택하도록 말입니다.

실천적 지혜는 학교에서 배울 여지가 큽니다. 학교는 사람 사이의 생생한 상호작용이 빈번하게 일어나는 공간입니다. 활자로 담겨 있는 교과서의 내용을 단순히 읽고 이해하는 것만으로 실천적 지식을 습득했다고 말하긴 어렵습니다. 마찬가지로 학교에 가지 않고 집에서 혼자 공부한다고 해서 실천적 지식을 습득했다고 보기는 어렵지요. 물론 책을 통해서도 사람 사이의 갈등을 미연에 방지하거나 서로 의견이 충돌했을 때 합리적으로 해결하는 방법 등에 대해서 배울 수 있습니다. 하지만 아는 것과 실천하는 것은 결코 같지 않죠. 아무리 이론적 지식을 꿰고 있어도 막상 실제 문제 상황에 직면했을 때에는 제대로 된 판단을 내리지 못해 후회하거나 일을 그르치는 경우가 있습니다.

시의적절하게 행동하는 것이 중요합니다. 화를 내는 일, 돈을 주거나 써 버리는 일은 누구든 할 수 있는 쉬운 일입니다. 하지만 마땅히 주어야 할 사람에게, 마땅한 만큼, 마땅한 때에, 마땅한 목적을 위해, 그리고 마땅한 방식으로 그렇게 하는 것은 결코 누구나 할 수 있는 일이 아닙니다.

행위로서의 지식은 사람과의 만남을 통해서 축적됩니다. 사람을 닮은 로봇이 등장하면 그와 친구가 될 수 있다고요? 친구야 될 수 있지요. 하지만 그것은 어디까지나 사람을 닮은, 결국 사람이 아닌 로봇입니다. 로봇과 교감을 한다 해도 이 사실은 변하지 않습니다. 공동체 내에서 타인과 함께 살 수 있는 능력은 직접 함께 살아 봄으로써 배울 수 있습니다. 학교 안에서는 내가 좋든 싫든 반에 있는 친구들과 1년을 함께 보내야 합니다. 그 가운데 나와 다른 사람과 공존하는 법을 경험으로 배우게 됩니다. 설사 마음에 들지 않는 친구가 있더라도 환경을 쉽게 바꿀 수 없으며, 어쩔 수 없이 반복적으로 대면하게 되니까요.

인간은 본성적으로 정치적 동물입니다. 학교 수업은 참여를 빈번히 요구합니다. 친구 간 상호작용도 그렇고, 실제 삶의 문제들에 대한 탐구와 토론도 그렇습니다. 사실이 아닌 의견을 학습하지요. 물론 이때의 의견은 아집에 머무르지 않습니다. 서로를 존중하는 태도, 더불어 행복할 수 있는 방향에서 최고선을 지향하는 의견을 학습하게 됩니다. 다양한 친구와 관계를 맺음으로써 사람을 이해하는 눈을 갖게 되고, 세상을 바라보는 안목을 키울 수 있습니다. 이것은 책 속에서 파악할 수 있는 지식과는 다른 차원입니다. 깨어 있는 시민이 되기 위해서라도 다양한 사람을 만나고 다양한 경험을 해야 합니다. 학교는 아이들에게 진정으로 사는 법을 가르치는 장소여야 합니다.

## 더 생각해 보기

아리스토텔레스의 행복관은 『니코마코스 윤리학』에서 자세하게 다루어집니다. 삶의 궁극적인 목적을 행복이라고 보는 그의 입장은 현대인들도 쉽게 동의할 수 있는 내용입니다. 그런데 행복을 실현하기 위해서 탁월성과 중용의 덕이 필요하다는 것은 쉽게 이해하기 어려운 부분입니다. 행복하기 위해서 나는 무엇을 해야 하고, 어떤 삶을 살아야 하는가를 고민하는 사람이라면 『니코마코스 윤리학』을 통해 아리스토텔레스를 만나 보는 것은 어떨까요? 조금 더 쉬운 책을 찾는다면, 청소년을 위해 쉽게 풀어쓴 『아리스토텔레스, 이게 행복이다!』를 추천합니다.

# 2부
# 사회와 정의

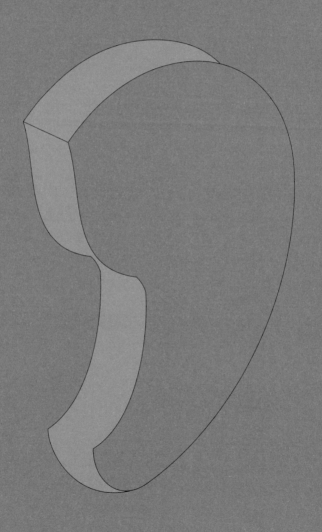

# 국가는 왜 있는 거죠?

**● 질문이 시작되는 순간**

영어 공부가 하기 싫다. 나는 왜 미국에서 태어나지 않은 걸까, 그랬다면 영어 공부를 하지 않아도 됐을 텐데…. 우리나라에서 태어난 게 원망스럽다가도 난민들을 보면 그나마 다행인 것도 같고, 마음이 좀 왔다 갔다 한다. 집안 형편이 점점 어려워지고 있는 건 나도 알지만, 친구들이랑 어울리려면 돈이 점점 더 필요하고, 부모님한테 돈 달라고 말하는 건 부담스럽고, 이럴 때 나라에서 자영업자들을 좀 더 많이 도와주면 좋겠다. 선진국에는 복지 혜택도 많다는데, 우리나라는 선진국이 되려면 아직 멀었나 보다. 외국에서 한국 드라마나 노래가 유행이라는 뉴스를 보면 한국인으로서 자랑스러운 마음이 들다가도 그게 나랑 무슨 상관인가 싶기도 하고, 아빠가 내는 세금을 생각하면 나라가 해준 게 뭐 있나 싶기도 하다. 국가라는 건 누구를 위해 있는 거고, 왜 있는 걸까?

만인에 대한 만인의 투쟁 상태

최근 세계는 전염병, 기후 문제, 전쟁 등으로 큰 어려움을 겪고 있습니다. 코로나는 감염으로 인한 신체적 고통뿐만 아니라 경기 침체를 불러와 사람들의 일상을 더욱 힘들게 만들었습니다. 부동산 문제며 청년 취업 문제 등은 사회 구성원들 간의 갈등을 더욱 심화시키면서 그 격차를 벌리고 있는데요, 이런 상황에서 국가는 개인의 자유와 재산권을 제한하며 국민을 통제하고 있습니다. 그 근거는 무엇일까요? 권리가 제한되고 의무만이 강조될 때 우리는 한번쯤 국가의 존재 이유를 진지하게 생각해 보게 됩니다. 그리고 이럴 때 떠올릴 수 있는 철학자가 바로 영국의 철학자 토머스 홉스입니다. 홉스는 국가와 개인을 대등한 계약관계로 바라보며 근대 민주주의 국가관의 단초를 제공한 사람이죠. "만인에 대한 만인의 투쟁"이라는 말 들어 보셨죠? 자연 상태의 인간 존재에 대해 이런 표현을 쓴 사람이 바로 홉스입니다.

홉스가 살던 시절의 유럽은 전쟁, 전염병 등 공포와 혼란의 도가니였습니다. 그 시절 사람들은 자신과 가족의 생존을 위해 정말 치열하게 싸웠습니다. 아직 일상 속에 도덕과 법률이 제대로 정착되기 전이었던지라, 사람들은 죽고 사느냐의 순간에 오직 자신의 생존만을 위해 노력했죠. 이처럼 이기적인 본성을 토대로 생명의 보존을 위해 싸우는 모습을 가리켜 홉스는 '자연 상태'라고 말합니다. 자연 상태에서 개인에게 타인은 오로지 적으로 간주될 뿐이죠.

인간 본성의 선악 논쟁은 사실 동서양의 오랜 과제 중 하나입니다. 이 문제에 대해 홉스는 기본적으로 인간이 악한 본성을 타고났다고 생각합니다. 그래서 이기적이고 때로는 잔인한 존재가 될 수 있다고 말하죠. 이러한 만인에 대한 투쟁 사회에서는 도덕도 정의도 개인의 재산권도 제대로 지켜지지 않습니다. 단지 끊임없는 경쟁 속에서 약육강식과 승자 독식의 법칙만이 존재할 뿐이죠. 서로를 오직 생존에 방해되는 경쟁자로 생각하면서 계속 살아간다면 인간은 당연히 외롭고, 고통스러우며 불안을 느낄 수밖에 없습니다. 그래서 사람들은 이 불안함을 해소하기 위해 약속을 하게 됩니다. 서로의 생명과 재산을 탐하지 않고 인정하고 지켜주자는 약속이지요. 그런데 이 약속이 과연 잘 지켜질 수 있을까요? 홉스가 살던 시대나 지금이나 약속을 어기는 사람은 분명 나타납니다. 욕심 때문에 타인의 재물에 손해를 입히거나 심지어 신체에 위해를 가하기도 하지요. 이렇게 최소한의 안전을 보장하고자 체결한 약속이 아무런 소용이 없게 되면 사회는 다시 예전처럼 서로에 대한 투쟁 상태로 회귀하게 됩니다. 다른 사람들이 약속을 지킨다는 보장이 없는데 홀로 그것을 지킬 사람은 아무도 없지요. 그렇다면 자연 상태를 극복하고 질서와 평화가 보장되는 사회를 만들기 위해서는 어떻게 해야 할까요?


## 리바이어던과 계약하다

안전을 지키기 위해 만든 약속이 인간의 이기적 본성으로 인해 무너지게 되었지만, 사람들은 어쩔 수 없이 또 다른 해결책을 찾아야만 했습니다. 자연 상태의 공포에서 벗어나 평화를 추구하는 것은 선택이 아닌 필수였기 때문이죠. 홉스는 그 대안으로 강력한 국가, 혹은 군주가 필요하다고 생각했습니다. 즉 생존을 위한 계약을 위반할 수 없도록 강력한 대리인을 세우는 것이죠. 홉스는 자연 상태에서 인간 사회의 평화를 만들어 내는 절대 권력을 구약성서에 나오는 무적의 바다 괴물 '리바이어던'에 비유하고 있습니다. 무적의 힘을 가진 이 괴물처럼 국가가 강력한 힘을 지니고 있어야만 인간의 이기적 본성과 교만함을 억누를 수 있다고 보았기 때문입니다. 리바이어던의 절대 권력은 사람들의 자발적인 계약을 통해 성립합니다. 생존이라는 기본적인 권리를 위해서라면 인간은 자신이 가진 자연권의 상당 부분을 포기하는 데 동의하게 될 테니까요. 자연 상태를 경험하며 절대 권력의 존재와 중요성을 절감한 구성원들이 특정 대상에게 자신의 의지로 힘을 양도하는데, 여기서 그 특정 대상이 바로 국가이자 절대 군주입니다. 사람들은 군주에게 폭력을 양산할 수 있는 수단을 반납하고 세금 등의 형태로 경제적 지원까지 합니다. 대신 군주는 사람들에게 양도받은 힘을 공권력이라는 이름으로 사용하면서 사람들의 안전을 보장해 주게 됩니다. 이처럼 정치권력은 자기 보존을 원하는 개인들이 서로의 생명을 위협하는 야만의 상태에서 벗어나기 위해 체결한 계약의 산물입니다.

홉스는 계약에 따라 국가 권력이 성립되면 개인은 그 권력에 절대적으로 복종해야 한다고 주장합니다. 만약 복종하지 않고 권력이 나뉘게 되면 더 강력한 리바이어던이 나타날 때까지 다시 만인에 대한 투쟁 상태로 돌아가게 될 테니까요. 그래서 홉스는 아무리 나쁜 정부나 군주라도 그것이 없는 자연의 상태보다는 더 낫다고 말합니다. 얼핏 보면 홉스가 독재와 횡포를 정당화하는 것처럼 보이는데요, 자세히 들여다보면 그렇지 않습니다. 국가 통치권의 시작이 국민의 안전을 전제로 한 약속에서 나왔기 때문에 홉스 또한 국민의 안전에 해가 되는 일은 절대 해서는 안 된다고 말하고 있거든요. 만약 군주가 개인의 생명을 위협하는 경우가 생긴다면 개인은 자신의 생존권을 지키기 위해 저항해야만 하는 것입니다. 군주의 절대 권력은 어떠한 상황에서든 국민의 안전과 평화라는 기본적인 대전제 아래 행해져야만 하는 힘입니다. 군주의 권리는 왕권신수설의 주장처럼 신으로부터 부여받은 게 아니라 국민들에게서 나온 것입니다. 비록 평화와 행복을 위해 자신의 힘을 내주고 복종하는 사회 계약을 맺었지만, 국민에게 무자비한 힘을 마구 휘두르는 절대 권력은 용납할 수 없습니다. 국민이 진정 바라는 것은 그 강력한 힘을 바탕으로 사람들 사이의 도발을 억제하고 평화를 유지할 수 있는 선한 리바이어던입니다.

영화 「변호인」에서 주인공이 대한민국 헌법 제1조 2항을 외치는 장면은 국가와 국민 사이의 관계에 대해 정확하게 말해 줍니다. 고문 경찰을 증인으로 부른 주인공은 그를 신문하면서 국가란 무엇인지 묻습니다. "변호사가 국가도 모르냐"는 고문 경찰에게 주인공은 격정적인 어조로 '대한민국의 주권은 국민에게 있고 모든 권력은 국민으로부터 나온다'는 헌법 조문과 함께 "국가란 바로 국민"이라고 외칩니다. 이 법조문에 담긴 말처럼 국가 주권의 시작은 바로 국민입니다. 그러기에 통치자의 가장 큰 사명은 국민의 생명과 안전, 평화를 지키는 것이죠. 이는 오늘날 민주주의가 지향하는 목표와도 같은 맥락으로 볼 수 있습니다.

## 국민을 위한 국가란 무엇인가

현재 대한민국 사회는 온전히 생물학적 생존이 목적이었던 과거의 자연 상태와는 조금 거리가 있지만, 또 다른 의미의 자연 상태에 놓여 있는 게 현실입니다. 사회에 법과 도덕이 정착되면서 직접적으로 생명을 앗아 가는 행위들로부터는 보호받게 되었지만, 우리는 지금 다른 차원의 생존을 위해 치열하게 경쟁하며 살아갑니다. 그런데 모두가 똑같은 입장에서 시작하는 것은 아닙니다. 부나 권력의 차이에 따라 출발점이 달라지니까요. 누군가는 소위 말하는 '부모 찬스'로 남들보다 유리한 고지에 올라 여유로운 삶을 만끽하곤 하죠. 또 힘을 가졌다는 이유로 법망을 피해 가며 각종 불법행위를 하고 이익을 챙기는 특정 집단도 있습니다. 하지만 대다수의 국민들은 예상치 못한 각종 재난에 속수무책으로 당할 만큼 보호가 필요한 경우가 많습니다. 코로나를 버티지 못하고 폐업하는 상점들이 거리를 채워 가는 일이 이제는 익숙해질 정도고, 생계를 이유로 목숨을 끊는 사람들에 대한 가슴 아픈 뉴스도 계속 들려옵니다.

국가 존재의 근본적인 이유가 국민의 안전과 평화를 지켜 주는 것이었다면 이제는 조금 다른 차원의 접근이 필요할 때라는 생각이 자연스럽게 듭니다. 최대한 많은 국민들이 삶의 생존경쟁에서 제대로 살아갈 수 있도록 해야 하고, 이를 위해 국가가 좀 더 적극적으로 나설 필요가 있다고 말이지요. 자본주의 사회라고 해서 모든 것을 시장의 흐름에만 맡겨 두고 작은 정부를 표방한다면 서민들의 삶의 질을 보장할 수 없습니다. 최대한 평등을 고려해 제도나 법, 규칙 등을 만들 필요가 있습니다. 힘 있고 돈 있는 사람과 그렇지 못한 사람들이 공존하며 살아갈 수 있도록 노력하는 것이 현대의 새로운 자연 상태에서 국가가 해야 할 일일 테니까요. 이를 위해서는 다수의 권력에 의지하여 특정 집단에 유리한 법과 제도를 운용하지 않도록, 국민들이 정치에 적극적인 관심을 가지고 지켜보아야 할 필요가 있습니다.

국가는 국민을 보호하기 위한 대리인입니다. 그리고 계약의 당사자인 두 주체에게는 상호 간에 지켜야 할 의무가 있습니다. 그래서 국가가 필요로 할 때 국민들은 무엇보다도 우선적으로 나서게 됩니다. 물론 의무라는 강제성에 따른 것이기도 했지만 국가에 대한 사랑으로 국가의 필요에 응답하곤 했지요. 그런데 과연 국가는 국민이 필요로 할 때 항상 든든하게 그 자리를 지키고 있었는지 생각해 볼 필요가 있습니다. 위기가 닥쳤을 때 국민이 온전히 국가에 의지할 수 있었는지 말이지요. 지금부터라도 국가는, 국민이 우선이라는 자세로 국민에게 다해야 할 의무를 생각하고 이를 지키기 위해 최대한 노력해야만 합니다. 그리고 그 의무는 국민의 생존권 보장을 비롯하여 여러 상황과 조건에 따라 다양한 형태로 이루어질 수 있습니다.

홉스는 국가를 커먼웰스(common wealth)라고 표현하기도 합니다. 말 그대로 공공의 복지를 의미합니다. 이는 국가의 역할이 국민의 안전 보장에만 있지 않다는 사실을 말해 주지요. 기술이 발달하고, 사람들과 국가는 부유해졌습니다. 국가의 물리적 경계가 무의미하게 느껴지는 때도 있거니와 살고 싶은 나라를 선택하는 것도 전에 비해 훨씬 쉬워졌습니다. 이렇게 많은 것들이 빠르게 변하고 달라지는 시대에 국가의 역할은 어떠해야 할까요? '리바이어던'이 필요했던 때와는 많은 것이 달라진 지금. 국민과 국가 모두 각자의 역할에 대한 고민을 시작해야 할 때는 아닐까 생각해 봅니다.

영화 「나, 다니엘 블레이크」 속 다니엘이나 케이티는 우리 주변에서도 볼 수 있는 평범한 사람들입니다. 실업급여를 받기 위해 매일같이 고용센터를 드나들지만 계속 좌절하는 다니엘과 새로운 곳으로 이주하면서 영국 사회의 보호를 제대로 받지 못하고 있는 케이티는 복지 사각지대에 놓이는 인물을 대변하고 있습니다. 영혼 없는 공무원들의 관료주의에 의해 비인간적인 대우를 받는 다니엘은 국가를 향해 이제 그 목소리를 내려 하지요. 다니엘의 목소리에 귀 기울여야 하는 곳은 영국 정부만이 아닐 겁니다. 영화 속 영국 사회의 복지나 관료 시스템은 우리 사회에서도 쉽게 볼 수 있습니다. 정부의 관료제는 국민을 대리하기 위한 시스템이지만 공무원들은 수혜자들을 한낱 처리해야 할 문제로 인식할 뿐, 그들의 개별적인 특성에는 관심이 없습니다. 관료제를 따라야 한다는 원칙이 오히려 국민의 권리 추구를 방해하는 식으로 주객이 전도된다면, 무엇이 우선인지 다함께 생각해 봐야 할 문제가 아닐까요?

# 나의 정의, 너의 정의
## ─기울어진 운동장과 정의의 원칙

● **질문이 시작되는 순간**

요즘 흙수저, 금수저에 대한 이야기를 많이 한다. 친구들끼리는 장난삼아 하는 말이긴 한데, 반에서 공부도 잘하는 애가 집까지 부자라는 이야기를 들으면 솔직히 좀 짜증이 난다. 걔가 받는 과외랑 학원 수업은 나랑 친구들은 상상도 못할 수준이라는 얘기를 들어서 더 그렇다. 방학 때면 외국에 가서 영어 공부를 하고 온다고도 하는데, 어쩐지 발음부터가 외국 애 같았다. 나랑 같은 학년이고 같은 학교를 다니는데 전혀 그런 느낌이 안 든다. 나도 늦게까지 공부를 열심히 하지만 아마 학년이 올라갈수록 우리의 격차는 더 커지겠지. 화가 나는 건, 애초에 우리는 같은 선에서 경쟁한 적이 한 번도 없다는 거다. 내가 걔보다 결코 머리가 나쁘지도 덜 열심히 하지도 않는데, 내가 그 애를 이기는 날은 아마 오지 않겠지?

## 능력주의와 자유 경쟁의 한계

공정사회 구축에 있어 빠져서는 안 될 함정이 있습니다. 바로 자유 지상주의와 능력주의입니다. 지도자가 '공정'을 강조할 때는 적어도 '기회의 균등'이나 '실력에 따른 분배'의 관점에서 벗어나야 합니다. 운이라고만 여겨지는 '가위바위보'

조차 통계적 확률에 대한 정보를 갖고 접근하는 사람이 유리합니다. 100m 달리기의 출발선이 같았다면 공정한 경쟁일까요? 슬프게도 애초에 누구는 토끼, 누구는 거북이로 태어납니다. 수능, 입사 시험, 백일장조차 모두 그렇습니다. 그런데도 자유를 최상의 가치로 여기며 자유 경쟁에 따른 결과를 수용해야 한다고 피력하는 사람들이 있습니다. 이들은 사람 사이의 유전적 형질, 환경의 차를 간과하거나 의도적으로 무시한 채 100m 달리기가 공정하다는 공식을 퍼뜨립니다.

애초에 완전한 공정이란 게 가능할까요? 서로 다름을 지니고 태어나는 이상 인간의 출발선은 결코 동일할 수 없는데요. 만약 어린아이나 지팡이를 짚고서 겨우 걸을 수 있는 노인이 일반 성인과 달리기 시합을 한다면, 그저 같은 선상에서 출발한다는 것이 '공정'을 담보하는 조건이 될까요? 문제는 같은 출발선이 아니라, 사람마다 다른 상황입니다. 그에 대한 고려 없이는 아무리 공정과 공평을 외치더라도 공허할 수밖에 없을 겁니다.

물론 표면적으로 드러나는 똑같은 출발선, 기회의 평등 차원에서 공정을 이야기하는 것은 편리합니다. 누구라도 선뜻 동의할 수 있죠. 그런데 조금 더 깊이 생각해 보면 기회가 주어진다는 것과 그 기회가 실제로 당사자에게 온전히 작동할 수 있는 상황인지의 여부는 별개의 문제입니다. 자유 민주주의국가에서 누구나 선발 시험에 응할 자격은 주어집니다. 우리나라 국민이라면 법으로 정한 의무교육을 받을 수 있는 권리도 있습니다. 하지만 교육권이 누구에게나 주어져 있다 하더라도, 학생마다 처한 가정환경이나 형편에 따라서 질적으로 다른 교육적 권리를 누리고 있다고 봐야 합니다.

한때 선풍적인 인기를 끌었던 드라마 「SKY 캐슬」은 자본주의의 폐해와 맞물려 입시 지옥을 살아가는 한국 사회의 어두운 현실을 있는 그대로 보여 주었습니다. '예서'는 부모의 재력으로 값비싼 입시 코디의 관리와 사교육을 받고, 그것도 모자라 부정한 방법까지 저질러 1등을 합니다. 이와 달리 '혜나'는 똑똑하지만 가난해서 자신의 능력을 제대로 발휘할 수 없었습니다. 그럼에도 불구하고 이들 사이의 학업 성취 경쟁은 한국 사회에서 지극히 자연스럽고 공정하다고 여겨집니다. 그 근거로 제시되는 게 능력주의와 자유 경쟁입니다.

그러나 능력주의에 기초한 자유 경쟁은 애초에 기울어진 운동장 위에서 벌어지는 게임과 같습니다. 이미 우월한 자리에서 시작을 했으니 이기는 것이 그리 어려운 일은 아니죠. 이 게임에서 이긴 사람들이 순수하게 자신의 능력과 노력 때문에 이겼다는 오만과 착각에 빠지지 않기를 바랄 뿐입니다.

## 공정의 의미

우리는 이미 태어날 때부터 불평등한 상황에 놓입니다. 부잣집에서 태어나 평생 먹고살 걱정은 하지 않아도 되는 사람이 있는가 하면, 국가나 지역사회의 직접적인 지원 없이는 생계가 어려운 사람도 있습니다. 우리 사회는 이렇게 너무나도 다른 조건을 가진 사람들이 모여 살아가고 있는 곳입니다. 천부적 운을 부정할 수는 없을 겁니다. 다만 사회 제도는 타고난 운수나 사회적 여건에 의해서 유리하거나 불리해지는 것을 막는 쪽으로 만들어져야 합니다. 운에 맡겨진 사회는 사회의 건강한 발전을 해치고, 개인의 행복과 공동체의 연대를 위해서도 바람직하지 않으니까요.

자신에게 타고난 능력이나 배경을 자신에게 유리한 출발 지점으로 이용하는 것은 어찌 보면 당연한 일 같습니다. 하지만 천부적인 것들이 우리가 노력으로 성취해 낸 것이 아니듯이, 힘든 환경에서 태어난 사람들 역시 그런 열악한 조건을 선택하지 않았음을 기억하고, 이에 대한 사회와 개인의 역할을 의식적으로 고민할 필요는 있겠지요.

그런 불공평을 해소하기 위해 국가가 나름의 역할을 한다고 주장하는 사람이 있을 겁니다. 예를 들어 보죠. 한국 사회는 고등학교까지 의무교육이고, 12년 동안 국가가 교육받을 기회를 똑같이 제공했으니 대학의 선발 과정에서는 기회의 균등이나 형평성 차원에서 별다르게 고려할 사항이 없다는 순진한 생각을 하는 사람들도 물론 있을 겁니다. 조금 더 깊숙이 들어가 봅시다. 어떤 아이는 아무런 근심 걱정 없이 경제적으로 부유한 부모 밑에서 사교육을 받고, 전문가의 체계적인 입시 전략을 토대로 대입을 준비합니다. 내신 관리도 수월하겠지요. 또 다른 아이는 태어나자마자 집안 사정이 너무 어려워 별도의 사교육은커녕 마땅한 보살핌도 받지 못해 정서적으로 불안하기까지 합니다. 이 두 학생에게 제공되는 공적 교육의 기회는 여전히 같을까요? 국가가 교육받을 기회를 보장해 주었으니 말입니다.

## 롤즈의 정의론: 정의의 두 원칙과 원초적 입장

공정을 정의하는 데 있어서 능력주의에 대한 비판적 시각, 사회적 약자에 대한 배려의 차원을 모두 고려할 수 있는 이론으로 미국의 철학자 롤즈의 『정의론』을 들 수 있습니다. 롤즈는 기본적으로 자유주의적 관점에 서 있지만, 저마다 처한 상황이나 조건이 다른 사람들이 모여서 갈등을 조정하고 합의를 이끌어 내기 위해 필요한 정의의 원칙 두 가지를 제시했습니다. 하나는 기본적인 권리와 의무의 할당에 있어서 평등에 대한 요구이며, 다른 하나는 그럼에도 불구하고 불평등한 분배를 해야 한다면 그때의 분배는 가장 적게 가진 자에게 최대의 이득이 돌아가도록 하는 방향으로 이루어져야 한다는 것입니다.

롤즈는 사람들이 자신이 주장하는 정의의 두 가지 원칙에 동의할 수밖에 없다는 결론을 이끌어 내기 위해 원초적 입장이라는 가설적 상황을 제안합니다. 서로 다른 이해 당사자 간에 의견을 조정할 때, 불필요한 논쟁을 차단하고 합리적인 결론을 도출하기 위해서는 정의에 관한 최소한의 공통된 인식이 필요합니다.

원초적 입장은 특수한 정책이 자신에게 유리할지 불리할지를 모르는 상태를 가정합니다. 쉽게 말해, 대화 참여자마다 자신이 어떤 일을 하고 있는지, 경제적 형편, 출신 배경 등 의사결정에 영향을 미칠 수 있는 개인의 조건에 대한 인식을 원천적으로 차단해 보자는 말입니다. 우리가 자신이 처해 있는 상황과 조건을 고려하여 의사결정 과정에 참여한다면, 공정한 합의에 도달하기 어렵습니다. 원초적 입장에서 수립된 정의일 때 특정 개인이나 집단의 이익을 고려하지 않았다고 확실하게 말할 수 있습니다.

예컨대, 원초적 입장에 놓여 있는 합리적 개인이라면 자신이 부자인지 가난한 사람인지 알 수 없는 상태에서 보편적 복지 차원의 부자 증세에 쉽게 반대할 리 없습니다. 자신이 가난한 자일지도 모른다고 염려해야 하기 때문입니다. 그의 말대로 합리적 개인이라면 자신이 최악의 결과에 놓이게 될 것을 우려하며 약자의 입장이 최대한 고려되는 선택을 지지할 것입니다. 이에 롤즈는 우리에게 '무지의 베

일'(veil of ignorance) 안으로 들어갈 것을 요청합니다. 우리 각자가 처해 있는 특수한 사정을 모르게 함으로써 사회적, 자연적 여건들을 자신에게 유리한 방향으로 생각하기를 원천적으로 차단하자는 것이지요.


## 사회적 약자에 대한 고려

대개 사람들은 무엇인가를 선택할 때 자기의 입장과 처지에서 생각합니다. 그럴 수밖에요. 인간이라면 자기를 보존하려는 본능이 있습니다. 그래서 집단 내에 어떤 약속이나 규범을 만들 때조차 거론되는 여러 가지 대안들을 자기 이익적인 관점에서 바라보게 됩니다. 아마도 이것이 개인에게 가장 합리적인 태도일 수 있을 겁니다.

다만 사람마다 처한 입장이 제각각이다 보니 공동체 내에서 모종의 합의를 이끌어 내기가 쉽지 않습니다. TV 토론 프로그램을 보면, 서로의 입장이 다르다는 것을 확인하게 될 뿐 서로가 동의할 만한 합리적인 대안을 도출하는 경우는 거의 없지 않나요?

공정으로서의 정의에 있어서 평등한 원초적 입장은, 전통적인 사회계약론에 있어서의 자연 상태에 해당합니다. 이 원초적 입장은 역사상 실재했던 상태가 아닙니다. 그렇다고 해서 문화적 원시 상태로 생각해서도 안 됩니다. 그것은 우리를 바람직한 정의관으로 이끌기 위해서 규정한, 지극히 순수한 가상적 상황으로 이해되어야 합니다. 원초적 입장에 들어서 있는 사람은 자신의 사회적 지위나 경제적 형편 따위를 전혀 모릅니다. 자기가 어떠한 재능을 지니고 있는지 모르며, 심지어 성별, 외모, 지능, 성격, 심리적 성향 등과 관련하여 천부적으로 타고난 일체의 정보에 대해서도 전혀 모르는 상태에 있습니다.

국가가 조세 부담에 대한 정책을 수립하는 상황을 떠올리면 쉽게 이해할 수 있습니다. 보편적 복지를 위해 예산 확보가 필요하고 이와 관련하여 부자들에 대한 증세 부담을 놓고 갑론을박 토론이 벌어졌을 때 우리는 어떤 입장을 지지하게 될까요? 모두가 그렇진 않겠지만 아마도 부자는 반대하고, 가난한 사람들은 찬성할 테지요. 롤즈가 보기에 어떤 정책을 마련할 때 자기에게 유리한지 불리한지를 따지는 시각에서 출발한 논의들은 결코 누구나 동의할 만한 공정으로서의 정의 개념에는 부합하지 않습니다.

여성, 다문화 가정, 장애인, 성 소수자, 경제적 극빈자 등에게 대다수에게 천편일률적으로 제공되는 기회 보장 외에 결과 측면에서 수혜를 제공하면, 곳곳에서 역차별이라는 목소리도 들립니다. 국가나 기업의 채용에서 일정 비율을 사회적 약자들에게 할당하는 경우에도 역차별이라고 열을 올리는 사람들은 나타나죠. 가난하다거나 몸이 불편한 사람, 사회적 약자인 사람들은 과연 그들이 충분히 노력하지 않아서 그런 걸까요? 능력이 부족하다거나 무언가 대단한 잘못을 한 것일까요? 이제 우리는 가난과 약함은 인간의 잘못이 아님을 아는 정도의 인식은 할 수 있게 되었다고 믿습니다. 좋은 시작입니다. 공정과 공평이라는 말은 우리를 속이기 쉽지만, 조금만 생각해 보면 그 말이 갖는 함정이 보입니다.

마이클 샌델은 『공정하다는 착각』에서 능력주의에 매몰된 사람들을 비판합니다. 우리 사회에서 학생들의 능력은 학력으로 지표화되는 경향이 있고 이는 실질적으로 서열화되어 있는 대학에서 정점에 이릅니다. 학벌이 능력이 될 수 있는지도 의문이지만, 그보다 경제적 부와 권력 등의 사회적 재화를 오로지 개인의 능력에 따라 분배하자는 주장이 타당한지를 따져 보아야 합니다. 능력주의를 신봉하고 우리 삶이 경쟁에 내몰린 사이에 존중과 포용, 연대의 가치는 퇴색되어 갑니다. 우리는 서로가 너무 다른 환경에서 태어나고 자랍니다. 능력주의에 빠져 모든 성공과 실패를 개인 탓으로 돌릴 때 경쟁에서의 승자는 오만에 빠질 수 있습니다. 공동선의 관점에서 공정한 경쟁이란 가능한지, 그리고 능력주의가 바람직할 수 있는지에 대해서 의문을 던지는 사람들에게 『공정하다는 착각』을 추천합니다.

# 다수결의 기쁨과 슬픔

경주와 제주도 중 어디로 수학여행을 갈 것인지 투표했다. 경주에 가고 싶은 사람은 16명, 제주도에 가고 싶은 사람은 18명이었다. 다수결의 원칙을 따르는 게 맞는 것 같긴 한데, 난 경주에 가고 싶었던 16명 중의 한 사람으로서 제주도에 가야 한다는 사실을 좀 받아들이기 어렵다. 20표도 아니고 겨우 2표 차이로 내가 원하지 않는 것을 따라야 한다는 게 억울하기까지 하다. 내가 반대의 입장이었더라면 어떻게든 이겨서 좋다고 생각했을 텐데, 내 의견이 묵살되는 입장이 되니까 다수결이라는 것을 이해하기 어렵다. 더 많은 사람의 뜻을 따른다는 게 머리로는 이해되는데, 현실에서는 다수가 되지 못한 입장이 아예 없어진다는 게 이상하다. 다수결이 정말 좋은 방식인 걸까?

## 양적 쾌락 vs 질적 쾌락

사람은 누구나 행복하기를 바랍니다. 점심에 뭐 먹을지, 여행은 어디로 갈지에서부터 대통령을 고르는 것까지 사람이라면 당연히 자신에게 가장 이로운 선택을 하고, 그 선택은 궁극적으로 자신의 행복 추구에 기반하고 있지요.

공리주의 이론의 창시자인 벤담은 쾌락을 기본으로 행위의 결과를 판단한 철학자입니다. 그는 사회를 개인들의 집합체로 보고 개인의 행복이 자연스럽게 사회 전체의 행복과 연결된다고 말했습니다. 그래서 '최대 다수의 최대 행복'이라는 원리에 따라 보다 많은 사람이 행복을 누릴 수 있는 방법을 연구했지요. 이 원리는 공리주의에서 개인의 행위나 사회정책을 결정할 때 매우 중요한 기준이 됩니다. 개인의 쾌락에 따라 행복이 결정되며 사회는 개인의 총화이므로, 이 원리는 도덕적 선을 가름하는 척도이기도 하기에, 보다 많은 사람이 혜택을 받을 수 있는 구조를 만듦이 곧 옳은 일이라는 결론은 자연스러운 것이었죠. 가장 많은 사람이 가장 많이 행복한 일이 최선이라는 생각은 일견 타당해 보이지만, 행복에도 질의 차이가 있다는 점을 간과하고 있습니다. 벤담은 쾌락이 한 가지 종류뿐이므로 양적으로만 차이가 있지, 질적으로는 전혀 차이가 없다고 생각했습니다. 그래서 쾌락을 측정할 수도, 수치로 환산할 수도 있다고 봤지요. 그런데 과연 쾌락에 차이가 없을까요? 우리가 밥을 먹을 때 느끼는 쾌락과 좋은 책이나 영화를 보면서 느끼는 쾌락은 질적으로 동일하다고 할 수 있을까요?

이 문제에 대해 벤담의 제자인 존 스튜어트 밀은 스승과는 달리 쾌락의 가치에 분명한 위계가 존재한다고 주장하며, 쾌락의 질적 차이를 결정짓는 기준이 있다고 말합니다. 공리주의는 효용과 최대 행복의 원리를 도덕의 기초로 삼고 있는 이론이고, 여기서 최대 행복은 쾌락의 양이 많다고 해서 충족되지는 않는다고요.

## 쾌락의 차이

양적 쾌락만을 강조했던 벤담과는 달리 밀은 쾌락의 질적인 차이를 주장합니다. 게임을 하는 것도 너무 재미있지만, 강아지를 산책시키면서 좋은 날씨를 즐기고 친구들과 재잘재잘 수다 떠는 일도 우리를 기쁘게 하는 일이죠. 그런데 어떤 쾌락이 더 중요하거나 대단하고 어떤 쾌락은 그렇지 않다고 말할 수 있을까요? 음식을 먹으며 느끼는 즐거움은 책을 읽으며 느끼는 즐거움보다 덜 고상한 쾌락인 걸까요? 바로 여기에서 밀의 주장에 문제가 생깁니다. 공리주의가 갖는 가장 큰 장점은 객관성이고, 누구도 반박할 수 없는 명쾌한 결과를 제시하는 것인데 밀의 말을 따라 질적 공리주의로 바라보면 판단의 지점이 모호해져 버리니까요. 어떤 것이 다른 어떤 것에 비해 좋은 쾌락이거나 질이 낮은 쾌락임을 누가 판단할 것이며, 그 판단의 기준은 무엇이 될까요? 이런 상황에서 밀은 두 쾌락을 모두 경험해 본 사람의 의견을 존중할 필요가 있다고 제안합니다. 그리고 도덕적 의무와 관계없는 두 개의 쾌락이 상충할 때 구성원 전부, 또는 다수의 사람이 선호하는 쾌락을 선택해야 한다고요. 어떤가요? 벤담의 주장과 다시 비슷해지고 있지 않나요? 밀의 질적 공리주의는 벤담의 양적 공리주의를 비판하며 등장했지만 결국 그 약점을 해소하는 방법으로서 벤담의 이론에 의존하고 맙니다.

밀은 무엇이 더 나은 쾌락인지 결정하는 기준의 객관성에 대해 이야기하면서 인간이 질적으로 우월한 쾌락을 동경하며 이를 선택할 것이라고 생각했습니다. 그래서 능력이 더 많은 사람일수록 공공선을 지향하며 질 높은 쾌락과 함께 행복을 느낄 수 있다고 보았지요. 하지만 우리 사회에는 육체적 쾌락이나 물질적 탐욕만을 맹목적으로 추구하는 경우도 적지 않습니다. 그런 모습은 행복한 삶으로 연결되기 쉽지 않을 겁니다. 인간은 원초적인 쾌락 외에도 사회적 존재로서 사회적 인정과 공공의 이익을 추구함으로써 기쁨을 누립니다. 존 스튜어트 밀의 유명한 말, "배부른 돼지보다 배고픈 인간이 되는 것이 더 낫다. 만족한 바보보다 불만족한 소크라테스가 되는 것이 더 낫다"는 바로 이런 이유에서 나온 것이죠.


## 나와 우리의 행복

인간은 어떤 식으로든 크고 작은 공동체에 속해 있기 마련입니다. 공동체 속에서 나와 다른 다양한 사람들과 지낸다는 것은, 문제와 함께 산다는 말이기도 할 텐데요. 그 문제들을 해결하는 방법은 다양합니다. 어렸을 적 매 결정의 순간마다 했던 가위바위보부터 시작해서 대화와 토론에 의한 합의까지 말이죠. 그런데 아마 최종적으로 의사결정을 할 때 사용하는 가장 보편적인 방법은 다수결일 겁니다. 더 많은 사람의 뜻을 따라 결정을 내린다는 것이죠. 즉 양적 공리주의의 특징을 나타내는 대표적인 방법입니다.

앞서 학생들의 수학여행지를 고를 때 합의에 도달하는 방법으로 택한 것도 다수결입니다. 하지만 결과는 오로지 다수에 속한 절반이 약간 넘는 학생들에게만 만족을 가져다주죠. 단 2표 차이로 선택되지 못한 집단에서 불만이 생기는 것은 당연해 보입니다. 이런 불만이 커지면 투표 자체에 반대하고 다수결 원칙에 반대하는 사람도 분명 나올 겁니다.

양적 공리주의 관점에서는 다수결의 결과가 일견 합리적으로 보이지만, 다수결이 합의에 도달하는 데 있어 가장 좋은 방법은 아닙니다. 오히려 다수가 동의한다고 해서 그 의견이 '옳은' 것이라고, 다소 무비판적으로 받아들여질 수도 있다는 점에서 위험하기까지 하죠. 양적 공리주의로 해결하지 못한 갈등 지점은 질적 공리주의 입장에서도 여전히 현재 진행형입니다.

제목부터 양적 공리주의의 난점을 보여 주는 듯한 영화 「소수의견」은 뉴타운 재건설 현장의 시위에서 발생한 사건을 토대로 이야기를 시작합니다. 가난하지만 법과 신념으로 뭉친 국선 변호사는 억울함을 주장하는 피의자를 위해 열심히 변호를 준비합니다. 하지만 그의 의견은 매번 받아들여지지 않습니다. 말 그대로 소수의견이었던거죠. 결국 그가 열심히 준비한 변론은 재판에 아무런 영향을 미치지 못한 채 무죄를 주장했던 피의자는 실형을 선고받게 되었고, 재개발 현장 공사 또한 계속되었습니다. 이 영화는 시종일관 힘을 가진 다수의 횡포를 비판합니다. 다수와 소수라는 것은 불변하지 않는 게 아니라 사안에 따라 늘 달라집니다. 한때는 다수의 입장이던 사람이 다음엔 소수의 입장이 되기도 하죠. 누구라도 두 입장이 될 수 있습니다. 영화 속에서 승승장구하던 검사도 언제든 상황과 조건이 바뀌면 소수자가 될 수 있겠지요. 그렇다면 소수의 의견을 다수의 이름으로 제압하는 것이 옳은지 의문을 던져 보는 것이 우리 모두가 해볼 수 있는 일이 아닐까요?

공리주의는 무조건 자신의 행복만을 추구하는 이론이 아닙니다. 만약 본인의 행복과 다른 사람들의 행복 중에서 하나를 선택해야 한다면 엄격하게 중립적인 자세를 취하기를 요구하죠. 즉 양도 무시할 수 없지만 쾌락의 질도 따져야 하기에 신중함이 필요한 것입니다.

성경에는 "네 이웃을 네 몸처럼 사랑하라"는 유명한 가르침이 존재합니다. 이 계명에서 우리는 공리주의가 추구하는 윤리의 정수를 발견할 수 있습니다. 인간은 사회적 감정을 지니고 있습니다. 이는 다른 사람들과 하나가 되고자 하는 열망 같은 것이죠. 이 감정은 인간 본성에서 강력한 원리로 작동하고 있습니다. 그래서 인간은 다른 사람에게 관심을 가지고 배려하는 존재로 스스로를 의식하게 됩니다.

이 원리를 사회에서 온전히 구현하기 위해서는 먼저 개

인과 전체의 이익이 조화될 수 있는 법과 제도가 필요합니다. 그렇게 된다면 공동체의 이익을 위해 개인의 행복을 잠시 접어 두는 것을 의미 있는 희생으로 여김으로써 자행되는 폭력을 방지할 수 있을 테니까요. 그리고 개인의 행복과 공동체의 행복은 따로 떨어져 존재하는 게 아니라 함께 나아가는 것입니다. 이런 맥락에서 볼 때 교육은 매우 중요합니다. 특히 학교라는 공간은 타인과의 직접적인 만남이 이루어집니다. 만남 속에서 삶의 질적인 가치를 자연스럽게 논의할 수 있는 기회 자체만으로도 교육적 의미를 지니는 것이죠. 아이들은 수학여행지 투표를 하면서 단순히 어디로 놀러 갈지를 정한 게 아닙니다. 함께 사는 법을 공부한 것입니다. 이런 크고 작은 경험을 통해 학생들은 개인의 행복과 공동체의 행복을 조화롭게 추구하는 방법을 익혀 나갈 수 있지 않을까요?

## 더 생각해 보기

다수결은 평등의 원칙을 적용하여 참여자들의 의견을 반영합니다. 즉 개인적인 지위나 환경 등에 영향을 받지 않는다는 것이죠. 이 점 때문에 다수결은 일반적으로 공정하다고 여겨지며 민주주의의 꽃이라고도 불립니다. 하지만 자세히 살펴보면 다수결은 상대적인 결과일 뿐입니다. 만약 수학여행지를 고를 때 경주와 제주도 외에 서울이 있었다면, 인원이 세 군데로 분산되면서 최다수의 선택은 절대적 다수가 아니라 소수의 지지를 받은 상대적 다수일 확률이 높겠지요. 이것이 다수결의 합리성이 지닌 맹점이라고 볼 수 있습니다. 이렇다 보니 다수결에서 결과에 따른 갈등은 필연적입니다. 그래서 소수의 입장에 처한 아이들이 갖는 불만을 어떻게 해결할 것인가가 항상 풀기 어려운 문제로 다가오는 것도 사실입니다.

다수결을 비롯한 많은 민주주의 제도와 행위가 플라톤이 말하는 이데아와 같은 절대적 가치를 구현하는 것은 아닙니다. 그런 기대를 하는 것은 어불성설이지요. 다만 상대적인 최선을 추구하려 노력하는 것입니다. 그러므로 우리는 상대적인 최선의 결과가 지나치게 절대적인 힘을 행사하지 않도록 주의할 필요가 있을 것입니다.

아이들은 자꾸 어려운 질문을 한다

# '부러우면 지는 거'라면
# 난 이긴 적이 없다
## —자본주의를 이해하기

### 🔵 질문이 시작되는 순간

눈을 뜬 후부터 잠을 잘 때까지 내 손에는 스마트폰이 있다. 알람도 많이 오고, 친구들의 SNS 업데이트를 챙기고, 좋아요를 누르고, 체크인한 곳이 어디인지, 저 브랜드는 뭔지, 어디서 살 수 있는지를 살펴보는 사이에 2~3시간은 훌쩍 지난다. 브랜드의 가격을 알고 나면, 어디로 여행을 갔는지를 알고 나면 부러운 마음이 너무 큰 나머지 기분이 상하기까지 한다. 저 아이들은 전생에 도대체 뭘 얼마나 잘했기에 저렇게 금수저를 물고 태어난 거지? 지금이야 같은 학교 같은 반에 있지만 이제 몇 년 후면 나와는 전혀 다른 삶을 살 거 같다. '급'이 다르다는 게 이런 거겠지? 머리로는 나는 나대로 비슷한 친구들과 놀면 된다고 생각하지만, 저런 애들은 어떻게 사는지 궁금해서 결국 또 SNS를 찾는다. 교복 입고 코인 노래방 갔다가 떡볶이 먹는 게 다인 나랑 너무 비교되어 짜증 나는데 왜 자꾸 들여다보는지 나도 잘 모르겠다.

### 사적 소유와 자본가의 탄생

타인을 한없이 부러워해 본 적 있나요? 주변 사람들과 자신을 비교하며 스스로를 미워하다 자기혐오로까지 치닫는 사

람들도 있습니다. 특히, SNS에 자기 삶을 전시하는 것이 일
반화된 요즘에는, '저 사람은 가졌는데 나는 갖지 못한 것'이
너무나 분명해서, 자신의 현실을 견디지 못하는 사람들이
많아 보입니다. 열등감과 자기비하로 가는 길은 너무나 쉽
죠. 그런데 도대체 무엇이 우리를 이렇게 만들까요? '아, 나
도 저 아이처럼 운동을 잘하고 싶다', '공부를 잘하고 싶다',
'친구들과 잘 어울리고 싶다' 같은 식으로 건강하게 친구를
부러워하고 그 과정에서 자신의 발전을 이루어 낼 수 있다
면 다행이지만, 요즘 아이들이 느끼는 열등감은 주로 돈과
관련됩니다. 좀 더 따지고 들어가면 우리 사회가 지닌 구조
적 모순이 그 원인이겠지요.

　한창 유행 중인 옷이나 물건을 같은 반 친구들 대부분
이 갖고 있는데 나만 없는 상황이라면 어떨까요? 자아존중
감이 잘 형성되어 있고, 물질에 대한 욕망에서 자유로운 아
이라면 별문제가 되지 않겠지만 그런 아이가 얼마나 있을까
요? 이왕이면 더 많이, 더 좋은 것을 소유하고 싶어하는 것
이 보통 사람들의 마음입니다. 그러나 재화는 한정되어 있
고 욕망은 무한하기 때문에 갈등과 고뇌가 시작됩니다.

　인간의 욕망을 넘어설 만큼의 재화가 갖춰지지 않는
한, 사람들은 서로 더 많이 획득하기 위해서 노력할 것이며,
때로는 다른 사람들과 경쟁할 것입니다. 사람마다 소유한
재화의 양에는 자연스럽게 차이가 발생합니다. 그리고 가진
자와 그렇지 않은 자 사이의 격차는 갈수록 벌어지고 있습

니다. 문제는 소유 재산의 차이가 각 구성원이 지닌 힘의 차이로 작동한다는 사실입니다. 힘의 불균형은 소유의 정도에 따라 일종의 계급을 형성합니다.

모든 사람에게 충분할 정도로 생산품의 과잉 상태가 유지되지 않는 이상, 사회의 생산력을 마음대로 처리하는 지배 계급과 억압받는 빈곤 계급은 항상 존재하겠죠. 흔히 경제활동에서 기업을 경영하고 사람을 부리는 위치에 있는 사람은 자본가이며, 노동자는 자본가에게 고용됩니다. 오늘날이야 노동권을 법으로 보호하고, 바람직한 노사관계 구축을 위해 다양한 제도적 장치를 마련하기도 하는데요. 상대적 빈곤은 대부분 자본가보다는 노동자들의 몫입니다. 더욱이 자본가의 이윤 추구 욕망이 공동체의 선과 일치한다면 상관없지만, 현실은 그렇지 않지요. 생산수단을 사적으로 소유한 자본가들은 노동력을 도구로 삼아서 최대의 이윤을 뽑아내려 합니다. 그 과정에서 발생하는 문제, 이를테면 비정규직 확대, 대기업의 문어발식 사업 확장 등을 우리는 이미 많이 봐 왔습니다. 사회의 계급 갈등을 심화시키는 일들이지요.


## 마르크스와 자본주의 사회의 계급 문제

『자본』이라는 저작으로 잘 알려진 마르크스는 자본주의 사회의 구조적 모순과 자본의 논리로 야기되는 인간 소외 문제를 해결하는 데에 주력한 철학자입니다. 그는 노동과 관련된 소외나 착취 등을 자본주의 사회에서 해결될 수 없는 문제로 인식하였습니다. 그리고 이를 극복하기 위해서 노동자 주도의 계급 투쟁을 통한 공산주의로의 이행을 주장했습니다.

　마르크스에 따르면, 전 세계가 봉건 사회의 몰락 후 자본주의 시대로 접어들면서 부르주아 대 프롤레타리아의 관계가 형성되었습니다. 둘 사이의 대립 구도는 21세기의 현대사회에도 여전히 작동하고 있습니다. 그가 이 둘의 관계를 대립으로 보는 이유는, 한 사회가 축적한 모든 역사는 계급 투쟁을 통해 달성한 산물로 이해되기 때문입니다. 중세 시대에 지주와 농노 사이의 대립도 그렇습니다. 계급의 존재는 한쪽을 주인, 다른 한쪽을 노예로 만듭니다.

　계급사회의 불편한 진실을 극적 반전과 함께 보여 준 영화 「기생충」 속에는 빈부격차로 인해 극과 극의 삶을 사는 두 가족이 대비됩니다. 냄새나는 반지하에 사는 기택네 가족과 대저택의 박사장네 가족 사이에는 자본이 만들어 낸 엄청난 단절이 존재합니다. 계급사회의 밑바닥을 사는 기택이 모멸감을 느끼고 박사장에게 칼을 꽂는 장면은 자본주의 사회에서 지배자와 피지배자 사이에 벌어질 수 있는 말로를 보는 것 같습니다.

　우리는 살면서 여러 가지 요소들에 의해서 힘의 우열 관계에 놓이곤 하죠. 물리적 힘이 센 사람과 약한 사람 사이,

돈이 많은 사람과 그렇지 않은 사람 사이, 지식이 많은 사람과 그렇지 않은 사람 사이에서도 그렇습니다. 이 관계들의 공통점은 가진 자와 못 가진 자의 관계라는 데 있습니다. 이는 다시 자본의 논리로 구체화할 수 있습니다. 현대사회에는 자본주의 경제 원리가 작동하고 있습니다. 이 점에 착안하여 사회 내 계급의 발생 원인과 현상을 추적해 들어가면, 그 중심에 자본의 논리가 숨어 있음을 발견할 수 있습니다.

정부가 고소득자의 세금을 올리려는 움직임을 보이면 강하게 저항하는 사람들이 있습니다. 왜 많이 벌었다고 해서 더 많이 내야 하냐는 거지요. 지금도 충분히 많이 내고 있는데 말입니다. 그런데 이들 중에는 국가가 보편적 무상복지 정책을 추진한다고 하면, 자신과 같은 가정은 굳이 지원이 필요 없다면서 쓸데없이 국가 예산을 낭비한다고 비난하는 사람도 있습니다. 어려운 가구에게만 복지 혜택을 제공하면 예산도 적게 들 뿐만 아니라, 결국 세금 역시 적게 걷어도 되는 거 아니냐는 논리인 거지요. 이들의 심리는 세금 더 내고 보편복지의 혜택을 누리는 것보다는 세금 덜 내고 무상복지 혜택을 받지 않는 쪽을 선호하는 것이라고 볼 수 있습니다. 이런 생각의 뿌리 깊은 곳에는 계급 의식이 자리하고 있기에 정의롭지 못합니다.

100명 중 10명의 부자와 90명의 가난한 사람이 있다고 가정해 봅시다. 정부가 보편적 무상급식을 추진하려 할 때, 부자에게 선택권이 주어진다면 다음의 2개 중 어떤 안을 선택하겠습니까? 여러분이 부자 10명 중 한 사람이라고 생각하면서 고민해 보세요. 첫 번째는 부자로서 세금을 추가로 더 내지 않으면서 무상급식 지원도 받지 않는 것이고, 두 번째는 부자로서 세금을 추가로 더 내고 무상급식 지원은 모든 아이가 받음으로써 내 아이에게도 혜택이 돌아가게 할 수 있는 선택입니다. 천민적 자본주의와 맞물린 비윤리적 계급 의식은 전자를 선호합니다.

## 계급과 노동 착취

사실 사적 소유가 원시 시대부터 인정된 것은 아닙니다. 사적 소유는 특정한 사회적 토대에서 형성됩니다. 건축물이 단단한 땅 위에 세워지듯, 사회도 생산관계라는 물질적 토대 위에 법, 제도, 정치, 관습 등이 세워집니다. 마르크스에 따르면, 물질적 토대가 상부구조를 조건 짓습니다. 즉, 한 사회의 법, 제도, 관습과 같은 상부구조는 그 사회의 경제적 토대에 영향을 받습니다.

전 세계적으로 자본주의 사회가 도래하면서, 자본가 계급이 신분제라는 낡은 상부구조를 타파하고 자신의 사적 소유를 공고히 하기 위해 근대적인 제도를 이용한 점은 부인할 수 없는 사실입니다. 개인의 자유와 재산권을 최대한 보장하는 법도 제정되었습니다. 법을 통해 부르주아는 더 자유롭게 자신의 영리 활동을 추구할 수 있게 되었고, 급기야 노동자가 생산을 위한 상품으로 전락하는 상황으로 치닫게 되었죠.

이제 노동자는 자신의 노동력을 팔아야만 계속해서 생존할 수 있습니다. 노동자는 부르주아에 구속되어 지배-피지배의 이해관계 속에서 노동에 임합니다. 진정한 삶으로부터 소외된 채 지배 계급의 논리에 따라 노동자로 살아가게 됩니다. 여기서 자본은 계급을 더욱 공고히 하는 수단이 되고, 인간을 비인간화시키는 요인으로 작용합니다.

우리 주변에는 가난과 그로 인한 박탈감 속에서 살아가는 사람들이 있습니다. 노동하는 데 많은 시간을 보내지만, 가난에서 벗어날 기미가 도대체 보이지 않습니다. 그리고 사회에는 이들의 다음을 잇는 세대가 있습니다. 부모 세대의 박탈감은 자녀 세대에까지 그대로 이어지곤 합니다. 나의 가난으로 자식까지 다른 사람에게 무시받는 것만큼 부모에게 비참한 일도 없을 겁니다.

안타깝게도, 일상에서 계급 의식이 형성되기도 합니다. 학교에서 친구들이 주말에 가족여행을 자유롭게 떠나는 것을 보며, 어떤 아이는 자연스럽게 비교하는 일에 눈을 뜨게 됩니다. 그러면서 열등감에 사로잡히기도 하지요. 이 지점에서 어른의 역할과 책임이 요구됩니다. 아이들이 상대적 박탈감을 느끼기보다는 서로의 처지를 이해하고 자본주의의 구조적 모순을 자각할 수 있도록 도와주어야 합니다.

우리 사회가 당면하고 있는 극심한 빈부 격차와 양극화

는 해결해야 할 문제입니다. 마르크스가 이야기하는 공산주의를 낡은 이데올로기로만 치부할 것이 아니라, 재해석하여 받아들일 필요도 있지 않을까요?

## 함께 살아가기

빈부는 여러 가지 이유로 다음 세대에 되물림되는 경우가 많습니다. 자본주의 사회에서는 개인의 경제적 자유와 경쟁을 중시합니다. 철저히 분업화된 시스템 안에서 경제생활을 영위합니다. 그러다 보니 개인은 점점 고립되고, 약육강식의 논리가 사회에 만연하게 됩니다. 그럴수록 경쟁의 결과는 순전히 개인의 능력 문제로 치부되고, 사회 구성원 대다수가 너무도 당연하게 그 결과를 수용하며 살아갑니다. 직업이야 내가 원하는 대로 선택하지 못할 수도 있다지만, 그에 따라 발생하는 임금의 격차가 너무 큰 것은 문제 아닐까요? 심각한 부의 불균형은 국민 사이에 위화감을 조성하고, 자연스럽게 부에 따른 계급을 만들어 버립니다. 그래서 국가는 분배적 정의를 실현하기 위해 여러 복지 정책을 펴고, 법을 제정하여 경제적 약자를 보호합니다.

이처럼 자유 시장주의를 지향하는 국가라도, 최소한의 인간다운 삶을 보장하고 분배적 정의를 실현하기 위해 그 강도는 다를지라도 얼마간의 개입은 필요합니다. 그런데 마르크스는 가난한 사람들이 사회주의적 차원에서 권리를 요구할 때, 그것을 분배적 정의의 원칙으로 근거 짓는 일에 이의를 제기합니다. 왜냐하면 그러한 원칙은 자본주의에 대한 혁명적 변형보다는 오히려 그것의 부분적인 개선에 그칠 수밖에 없다는 것입니다. 분배에 대한 제안들은 단지 소득의 재분배에 초점을 맞추고 있습니다. 이와 달리 마르크스가 표방하는 공산주의는 생산수단에 대한 소유권을 국민 전체에게 되돌려 주자고 주장합니다.

마르크스는 국민 대다수의 사적 소유권을 박탈한 것이 오히려 자본주의라고 공격합니다. 가령, 마르크스에게 임금 인상과 누진세를 통한 소득의 재분배는 단지 필연적으로 깨지기 쉬운, 근본적으로 착취 조건의 부분적인 개량만을 의미합니다. 더욱 중요한 사실은, 능력이 자본의 분배를 정당화할 근거는 될 수 없다는 겁니다. 그렇게 생각하는 사람이야말로 자본주의의 괴물이 될 가능성이 큽니다.

공감이나 겸손과 같은 미덕은 전혀 모르고, 계급 의식에 사로잡혀 사는 인간의 출현을 막아야 합니다. 인간적 권리, 사람보다 중요한 것이 무엇이 있겠습니까? 우리가 빵을 하나 살 때 그 물건이 내 손에 오기까지 수고한 농부, 제빵사, 기계를 만드는 노동자, 운반자에 대한 고마움을 생각하지 않는다면 점점 자본주의가 낳는 병폐를 막을 수 없습니다. 제빵 공장에서 빵을 만들다 사고로 죽은 노동자는 '우리'의 성원이며, 가족입니다. 함께 슬퍼해야지요. 세상 사람들

모두가 내 옆에 있는 사람들 덕분에 내가 살 수 있다는 사실을 겸허하게 받아들이면 좋겠습니다.

**더 생각해 보기**

『마르크스는 처음입니다만』은 이해하기 쉽게 쓰인 왕초보 마르크스 입문서입니다. 이 책에서는 자본주의 사회에 대한 분석을 통해 사회 개혁을 주장한 혁명가로서 마르크스의 모습을 확인할 수 있습니다. 자본주의의 구조적 모순에 대한 그의 비판은 '자본의 자기 증식'이 여전히 진행 중인 현대사회에도 유효합니다. 그에 따르면, 자본은 생산수단을 발전시켜 사회 전체의 물질적 풍요를 확대하는 과정에서 필연적으로 빈부격차, 노동자의 고통과 같은 결함을 수반하는 속성을 지닙니다. 더 나은 사회를 갈망하는 사람이라면 현재의 우리 사회가 지닌 문제에 대한 냉철한 인식에서 출발해야겠지요? 경제적 불평등과 그로 인해 조성되는 사람 사이의 위화감, 차별 문제에 한 번쯤 꺼림칙함을 느껴 보았다면 마르크스와의 만남을 추천합니다.

아이들은 자꾸 어려운 질문을 한다

# 아시아 혐오를 보며
# 문명과 야만을 생각한다

● **질문이 시작되는 순간**

코로나가 시작될 때 비행기에서 인종차별을 당한 한국 사람의 이야기를 뉴스에서 보고 충격을 받았었다. 외국 사람들은 다 많이 배우고 친절한 줄 알았는데, 모든 아시아인을 싸잡아 코로나의 원인으로 지목하고 차별과 혐오를 퍼붓다니. 어째서 아시아 사람이라는 이유로, 피부색을 이유로 욕을 먹고 공격을 당해야 하지? 엄청 멋진 나라라고, 선진국이라고 생각했는데 너무 실망했다. 이 이야기를 하자 누나가 더 충격적인 말을 한다. 나도 인종차별을 한다는 거다. 우리나라에서 만나는 이주노동자들, 검은 피부의 사람들을 위아래로 훑어보면서 그들이 당장 물건이라도 빼앗아 갈 사람들인 것처럼 쳐다보지 않느냐면서….

## 문명인의 야만적 행위

7월 1일은 캐나다 건국기념일입니다. 영국령 북아메리카 법을 기초로 연방 자치를 시작한 것을 기념하는 이 날, 도시에 축제 분위기만 가득한 것은 아닙니다. 한편에서는 원주민들의 시위가 크게 벌어집니다. 무슨 이유에서일까요? 이 날은 북아메리카에 살고 있던 원주민들이 백인들, '문명'이라는 이름 아래 자신들의 삶의 터전과 방식을 잃어버린 아주 슬프고 괴로운 날이기도 하기 때문입니다.

처음 아메리카 대륙에 도착한 에스파냐 사람들을 생각해 보면 어떨까요? 그들에게는 옷도 제대로 걸치지 않고, 신발도 신지 않은 원주민들이 미개하고 저급한 인종으로 비춰지지 않았을까요? 사는 방식이 다르고 먹는 것이 다르다는 이유로 원주민의 문화는 계몽되어야 마땅한 것으로 간주되었습니다. 그러한 논리 속에서 이문화(異文化)는 개방과 개선이라는 이름 아래 철저하게 파괴되었죠.

다행인 점은 지금은 인류가 파괴를 파괴로 인식하는 수준까지는 와 있다는 건데요, 아직 남아 있는 문화를 보존하기 위해 노력하는 모습을 곳곳에서 목격할 수 있습니다. 보존이건 도움이건 그들에게는 그 모든 게 또 다른 간섭이 될 수 있다는 점은 물론 조심해야 할 테지만, 우리와 다른 문화를 있는 그대로 존중하고 받아들이는 것이야말로 문명의 조건이 아닌가 싶습니다.

아무리 노력한다 해도 이렇게 타문화를 접할 때 보존과 시혜의 입장이 되고야 마는 것은 소위 문명을 대하는 우리의 착각과 오만 때문인데요, 흔히 우리는 풍요로움을 가져다주는 문명이 진보를 상징하는 반면, 문명의 이기를 누리지 못하고 있는 삶에는 상대적으로 열등한 문화가 자리 잡고 있다고 여기는 경향이 있습니다. '날 것' 그대로, 즉 야생의 모습이 남아 있는 생활 모습을 보며 야만적이라며 비하하기도 하지요.

그런데 야만적이라는 게 뭘까요? 무슨 근거로 그렇게 말할 수 있을까요? 야만적인 요소들은 오히려 문명 세계의 도처에 널려 있습니다. 실제로, 대량 살상 무기를 개발하여 엄청난 인명을 앗아 가는 전쟁은 문명국가들 사이에서 일어납니다. 학교에서 버젓이 일어나는 총격 사건과 특정 인종 혐오에서 발생하는 무자비한 폭력 행위는 어떤가요? 문명적이고 고급한 문화인가요? 전혀 그렇지 않죠.

전 인류에게 영향을 미친 코로나19라는 전염병이 시작될 무렵, 아시아인은 더 쉽게 혐오의 타깃이 되었습니다. 정치적으로 올바르고, 상식적인 문명사회를 살고 있다고 안심하고 있을 무렵, 우리 안의 야만적이고 날것의 속내가 튀어나와 버린 거죠. 선진 국가들이라 여겼던 서구권에서 만난 '혐오'는 우리로 하여금 문명이란 과연 무엇일까 생각해 보게 했습니다. 우리보다 못사는 나라에서 온 사람은 무시하고, 우리보다 잘사는 나라에서 온 사람은 우러러보는 이 지극한 단순함과, 영어를 사용하더라도 필리핀이나 인도보다는 영국식 발음이 멋있어 보이는 제국주의적 시각이 내재화된 지금, 다른 문화를 대하는 방법을 우리는 배운 적이 있기는 한 걸까요?

여기서 우리는 문명인의 야만성을 비판한 레비스트로스를 떠올리게 됩니다. 그는 프랑스의 인류학자로서 구조주의를 창시한 사람으로 알려져 있습니다. 레비스트로스는 사람들이 다른 문화를 이해할 때 단순히 책상 앞에 앉아 역사 서적을 읽거나 자료를 해석하는 것만으로는 한계가 있음을 지적하면서, 직접 참여하는 형태의 관찰을 강조합니다. 그리고 본인의 주장대로, 그는 인류학자로서 세계 곳곳을 돌아다니며 이문화를 직접 관찰하는 방식으로 연구했죠. 그중에서도 남아메리카 대륙에 오랜 기간 머무르며 원주민들을 만나 경험한 이야기들은, 소위 문명인들의 시선으로 도무지 이해하기 어려운 일들이었습니다.

한 예로, 브라질의 므바야족은 출산에 혐오감을 느끼고, 어린아이들이 태어나면 친부모가 키우는 것이 아니라 다른 가족이 양육을 맡습니다. 심지어 시체를 먹는 풍습이 있는 부족도 있습니다. 어떤가요? 생각만 해도 끔찍하지요? 그런데 므바야족이 시체를 먹는 이유는 죽은 자의 덕을 획득하거나 그 힘을 중화시키려는 의도를 담고 있다고 합니다. 이와 관련하여 레비스트로스는 문명인들에게 관점을 전환하라고 주문합니다. 오늘날 우리는 법과 제도의 틀 안에서 해부학 실험을 합니다. 그런데 우리끼리 약속했다고 해서, 해부를 용인해도 아무런 문제가 없을까요? 사인(死因) 확인이나 의학 연구를 위한 일이라면 무조건 정당화될 수 있는 건가요? 시체를 먹는 행위가 죽은 자의 선한 영혼을 물려받는 의례로서 행해지는 원주민들의 눈에는 오히려 문명인의 행위가 더욱 끔찍하고 혐오스러울지 모릅니다.

영화 「아바타」는 지구 문명인으로서의 인간과, 그들이 에너지 문제를 해결하기 위해 발견한 판도라 행성의 나비족과의 갈등을 소재로 합니다. 과거 중세 시대 유럽에서 아메리카 대륙을 발견할 때와 흡사한 모습입니다. 인간들은 판도라에 대규모 부대를 파견하여 '언옵테늄'이라는 지하자원을 채취합니다. 이 과정은 급기야 판도라 행성의 생태계를 위협하는 수준으로 치닫고, 결국 돌이킬 수 없는 전쟁이 일어나는데요. 주인공 '제이크'는 인간이지만 나비족의 편에서서 싸웁니다. 일방적 침입자인 인간을 이해할 수 없었던 거지요.

나비족을 위험에 빠뜨리는 부대원들과 달리, 제이크가 나비족의 입장을 이해할 수 있었던 이유는 무엇일까요? 무엇보다 그가 몇 달 동안 판도라 행성에 거주하면서 나비족의 생활방식과 역사, 문화를 학습하였고, 나비족의 삶에 적응하면서 그들을 온몸으로 이해할 수 있었기 때문입니다. 그런 제이크의 모습은 나비족의 눈에도 더 이상 이방인이 아니었습니다. 제이크 역시 그들의 일원이 되는 의식을 기쁘게 치릅니다. 조금 더 거창하게 말하자면, 그는 나비족이 되어 판도라 행성에 주인 의식을 갖게 된 겁니다.

사회에서 무언가가 풍습으로 작동하고 있다면, 아직 그것이 기능할 이유가 있기 때문일 겁니다. 구조가 복잡한 사회든 단순한 사회든 간에 그것이 안정적으로 유지되기 위해서요. 표면적으로 드러나는 관습적 행위들이 나라마다 제각각일지라도 그 안에 내재된 기능적 속성은 인류의 보편적 사회 구조를 지닙니다.

세계에는 저마다 다른 의복·음식·주거 문화 등이 있습니다. 하지만 이러한 개별적 특성들로 인간다움을 구분하기는 불가능합니다. 오히려 행위 안에 숨어 있는 의미를 들여다보면 공통적인 속성을 발견할 수 있습니다. 쉬운 예로, 옷을 입고, 음식을 다양하게 조리해 먹는 것 자체는 인류의 공통 문화입니다. 이와 같은 공통의 의미 구조는 지구 어느 곳에 있는 사람이든지 간에 모두를 '인류'라는 범주에 포함시킵니다.

한때 대학생이 되면 유럽 여행이나 세계 일주를 하는 것이 필수 코스였던 적이 있었는데요, 요새는 어려서부터 해외로 현장체험 학습을 가거나 방학을 이용해 가족과 해외에서 한 달 살이를 하기도 합니다. 이제 다른 나라에 가고, 익숙하지 않은 문화를 접하는 일이 이전에 비해 정말 쉽고 다방면으로 이루어진다는 말일 텐데요, 이럴 때일수록 우리에게는 '달라서 싫고 불편하다'라는 생각보다 좀 더 현지인의 관점에서 문화에 참여하고 이해하려는 태도가 중요하리라 봅니다.

　우리는 지금 동아시아, 거기에서도 아주 작은 나라 한국에 살고 있지만 뿌리 깊이 내재화된 서구의 시선으로 세상을 봅니다. 저기 동남아 어디 나라는 우리보다 가난하고 사람들 피부도 까맣고… 어쩐지 내가 그들보다 우월한 듯하다고 쉽게 생각하고 그런 태도로 사람들을 대하죠. 반면, 백인을 보면 우리는 갑자기 열등해집니다. 그저 다른 지역, 다른 문화권에서 다른 언어를 쓰며 사는 다른 사람들이라는 것을 받아들이면 세상 사람들을 만나는 게 훨씬 더 재미있을 텐데 말이에요. 뉴스에서 아시아인이 인종차별 당하는 것을 보고 충격을 받았다면, 적어도 나만큼은 그러한 차별을 되풀이하지 않는 것, 다른 문화의 사람들을 그 자체로 존중하는 것, 그것이 소위 '문명인'이 되는 방법이 아닐까 싶습니다.

## 더 생각해 보기

『걸리버 여행기』는 주인공이 자신과 전혀 다른 사람들이 사는 육지에 좌초하거나 끌려가서 벌어지는 이야기를 담고 있습니다. 걸리버는 의도치 않게 이질적인 환경에 머물게 되지만, 낯선 사람들 틈에서 자신을 놀라울 정도로 적응시켜 나갑니다. 걸리버는 새로운 육지에 상륙할 때마다 그곳 사람들의 풍습이나 기질 등을 있는 그대로 보고, 그들의 언어를 이해하려 했습니다. 물론, 걸리버의 적응은 생존을 위한 방편의 성격이 짙지만, 이문화를 대하는 걸리버의 태도는 레비스트로스의 목소리와 별반 다르지 않습니다. 『걸리버 여행기』는 우리에게 동화책 정도로 여겨지나, 실제로는 부패한 정치 현실과 인간 문명에 대한 비판을 담고 있는 풍자 소설입니다. 걸리버가 낯선 환경에서 겪는 이야기가 제공하는 흥미에 더해, 작가가 의도했던 인간에 대한 풍자까지 놓치고 싶지 않다면 원작 완역본을 읽어 보기를 권합니다.

아이들은 자꾸 어려운 질문을 한다

# 오징어 게임

## —경쟁은 야만이다

### ● 질문이 시작되는 순간

매주 금요일 밤 엄마와 함께 기다리는 프로그램이 있다. 예쁜 아이돌 연습생들이 나와서 오디션을 보고 순위를 정하는데 볼 때마다 심장이 떨린다. 순위 안에 든 연습생들은 걸그룹 데뷔까지 시켜 준다고 한다. 순위는 100% 국민 투표로 결정된다. 걸그룹이 꿈인 연습생들은 높은 순위를 받기 위해 정말 치열하게 춤과 노래를 연습한다.

평가라는 이름으로 생존 게임을 펼친 그들은 마지막 11명이 남을 때까지 춤, 노래 등을 선보이며 최종 결과를 기다렸다. 엄마와 난 누구 한 명을 고를 수 없어서 투표하지 않기로 했다. 처음엔 100명이 넘었던 연습생들이 조금씩 탈락할 때마다, 생존한 사람과 떨어진 사람 모두 울었다. 내 눈에는 다들 너무 예쁘고 끼도 많은데, 누구는 떨어지고 누구는 올라가는 게 슬펐다. 떨어진 친구의 인터뷰를 보니 한 번 더 눈물이 났다. 자신의 실력이 부족해서 떨어졌으니 앞으로 더욱 열심히 노력하겠다는 그 말이 마음 아팠다. 다들 지금 데뷔해도 이상하지 않을 만큼 잘하는데… 이기고 지는 게 왜 필요한 걸까? 모두 울지 않고 행복할 수는 없을까?

## 경쟁은 야만이다

최근 선풍적인 인기를 누린 한국 드라마가 있었죠. 바로 「오징어 게임」입니다. 456억원의 상금이 걸린 의문의 서바이벌에 참가한 사람들이 최후의 승자가 되기 위해 목숨을 걸고 극한의 게임에 도전하는 과정을 담고 있지요. 빚에 쫓기는 수백 명의 참가자들은 새로운 삶을 시작하기 위해 끊임없이 다른 이들과의 경쟁에서 이기려 합니다. 만약 지거나 실패한다면 참혹한 결과만이 그들을 기다리고 있으니까요.

　드라마에서는 '무궁화꽃이 피었습니다', '구슬치기' 등과 같이 순수한 동심을 자극하는 게임들이 등장했지만, 그 안에는 삶과 죽음을 오가는 치열한 경쟁이 기다리고 있었습니다. 방법이나 대상에는 차이가 있으나 경쟁에 나타나는 징후는 드라마라고 현실과 크게 다르지 않습니다. 독일의 철학자인 아도르노는 이처럼 승패를 나누고 그에 따라 서로 다른 결과를 낳는 경쟁이 야만적 속성을 가지고 있다고 비판합니다. 우리는 보통 문명의 혜택을 받지 못한 사람들에게 야만이라는 표현을 사용하곤 합니다. 하지만 현대사회의 단면을 보면 꼭 문명의 혜택을 받았다고 해서 야만적 속성으로부터 온전히 벗어나는 것은 아니라는 생각이 듭니다. 오징어 게임에 등장하는 사람들도 명문대를 나오고 상당한 사회적 지위를 가지고 있지만 남을 해쳐서라도 경쟁에서 승리하려 하지요. 이런 모습 또한 야만적이라고 말할 수 있지 않을까요? 자연스럽게 뿌리내린 경쟁 문화가 이 사회에 야만의 씨앗을 뿌려 놓고 있는 것입니다. 이는 현대의 한국 사회를 '헬조선'으로 전락시킨 요인 중의 하나라고 볼 수 있습니다.

현대 한국 사회의 발전 과정에서 경쟁 문화가 기여한 점도 분명 있습니다. 경쟁을 통해 사람들은 자신이 하는 일에 최선을 다하고 더 많은 노력을 기울이게 됩니다. 특히 한국인들은 열악한 환경 속에서도 남들보다 한 발이라도 앞서 나가기 위한 노력을 바탕으로 지금까지 성장해 왔습니다. 그래서인지 한국 사회는 유독 경쟁에 큰 거부감을 느끼지 않습니다. 반칙이 문제가 될 뿐 절차적 공정성만 담보된다면 오히려 경쟁을 긍정적으로 여기기도 하지요. 그 결과 너무나 자연스럽게, 경쟁에 따른 서열과 능력주의가 한국 사회를 지배하는 문화로 자리 잡았습니다.

경쟁은 필연적으로 승자와 패자를 나눕니다. 이때 승자는 특권의식과 우월감에 빠지고, 패자는 자존감이 훼손되거나 패배감에 젖어 들게 되지요. 더 큰 문제는 승패로 인해 얻는 물리적, 심리적 결과를 별다른 비판 의식 없이 당연하게 수용한다는 점입니다. 오디션 프로그램에 참여한 이들 역시 탈락했을 때 경쟁의 시스템을 탓하는 게 아니라 그 책임을 본인이나 다른 팀원의 부족으로 돌립니다. 그들의 삶은 과연 행복할까요? 최근 청소년들의 일탈 증가와, 높은 자살률 등도 경쟁으로 인한 병적 현상들입니다. 적어도 교육 현장에서만큼은 경쟁의 요소를 최소화하기 위해 노력해야 합니다. 당장 이 사회에서 경쟁을 완전히 제거하기란 매우 어려운 일입니다. 큰 사회적 혼란을 야기할 수도 있겠지요. 하지만 경쟁에 내재한 야만적 속성에 대한 성찰적 물음은 지금부터라도 시작되어야만 합니다. 그래야만 비로소 새로운 변화가 가능해질 것입니다.

## 경쟁을 통한 교육

한국은 이제 세계적으로 인정받는 대단한 나라입니다. 모든 걸 폐허로 만든 전쟁의 고통을 이겨 냈고, 누구보다도 빠른 경제 성장을 이루어 냈으며, 촛불혁명과 함께 민주화를 완성하여 선진국의 반열에 올라왔습니다. 힘든 역경 속에서도 한국 사회가 지금처럼 발전할 수 있었던 원동력 중 하나는 바로 교육입니다. 한국의 교육은 미국의 전 대통령인 오바마도 칭찬할 만큼 세계적인 관심의 대상이지요. 한국의 높은 교육열과 대학 진학률, 그리고 세계 곳곳에서 드러나는 학생들의 뛰어난 실력은 분명 강점입니다. 그런데 한국 교육의 뿌리를 이루고 이를 이끌어 가는 원리에는 경쟁의식이 굳게 자리 잡고 있음을 부인하기는 어렵습니다.

한국뿐만 아니라 많은 나라에서 개인 간 또는 집단 간의 경쟁을 효율적인 교육 원칙으로 인정합니다. 그래서 모두가 이 경쟁 게임에 참여하는 것을 당연하게 생각하지요. 참여자 모두 오징어 게임의 탈락자와 마찬가지로 겪게 될 끔찍한 결과를 알고 있지만, 자신의 승리와 생존을 기원하며 기꺼이 몸을 던집니다. 하지만 오징어 게임처럼 경쟁에서는 분명히 승자와 패자가 나뉩니다. 생존경쟁에서 패배한 학생은 엄청난 고통 속에서 허우적대거나 낙오하게 되지요. 그런데 과연 승자라고 행복할까요? 아닙니다. 승자도 절대 행복하지 못합니다. 경쟁이 만연한 이 사회에서는 또다시 새로운 경쟁에 뛰어들어야 하고 매번 승리한다는 보장은 없으니까요. 아이들은 계속되는 탈락의 두려움 속에서 살아가야 하지요. 이 점에서 아도르노는 경쟁 자체가 근본적으로 인간적인 교육에 반하는 원리라고 말하고 있습니다. 경쟁은 인간을 길러 내는 교육에는 적절하지 않습니다.

그런데 아직도 교육에 종사하는 많은 사람들은 학생들의 사회적 지위 확보를 명분으로 삼아 경쟁을 교육의 주요 수단이자, 효율적인 방법으로 절대시하고 있습니다. 그들은 학생들이 학교에서의 경쟁을 바탕으로 사회에서의 새로운 경쟁에 대비할 수 있다고 말합니다. 그러나 경쟁을 통해 발전할 수 있다는 명제는 매우 진지하게 고민하고 검토해야만 하는 신화일 뿐입니다. 우리는 교육을 통해 우리 아이들이 어떤 사람으로 성장하기를 바라는 걸까요?

독일은 68운동 이후 여러 사회적 변화를 겪었습니다. 나치의 잔재를 청산하고 사회의 권위주의를 타파하려고 노력했죠. 그리고 교육 분야에서도 많은 변화가 일어났습니다. 먼저 학교에서는 경쟁의 야만적 속성을 경계하며 이를 개선하고자 노력하였습니다. 그 결과 학생 개개인의 소양과 재능을 발견하고 실현할 수 있도록 도와주는 것을 교육의 최우선 목표로 삼게 되었죠. 먼저 우열을 가리는 석차를 폐지해 성적으로 인한 스트레스를 주지 않으려 노력합니다. 그리고 우리나라 학생들의 최대 고민인 대학 입시 또한, 제도를 여유 있게 운영하여 학업에 대한 의지만 있으면 언제든지 대학에 들어갈 수 있는 길을 열어 놓았습니다. 또한 대학의 서열화가 공고한 한국과 달리 대학의 이름에 큰 의미를 부여하지도 않습니다. 이처럼 교육 영역에서 경쟁이 지닌 야만적 속성을 최대한 지워 내려고 노력하면서, 독일은 유럽 사회의 새로운 변화를 주도해 나가게 되었죠.

물론 독일의 사례가 완벽한 모델이라고 볼 수는 없습니다. 하지만 한국 사회에서도 이제 교육에 관한 기본 철학을 다시 고민해야 할 때가 왔다고 생각합니다. 지금의 교육 현장에서 일어나는 치열한 경쟁은 승자와 패자 모두를 불행하게 만들 수밖에 없습니다. 세상에는 영원한 승자도 패자도 없다는 것을 우리는 삶의 경험을 통해 너무나도 잘 알고 있지 않습니까? 모두의 불행을 야기하는 경쟁의 야만적 속성을 최소화하기 위해 함께 실천적 대안을 강구해야 할 때입니다. 우리 학생들이 자신에 대해 성찰하고 삶의 진정한 의미를 탐구할 수 있는 길을 열어 주어야만 합니다.

## 모두가 행복해지기 위한 노력

현재 한국 사회는 학생뿐만 아니라 학부모와 교사도 경쟁의 논리를 온몸으로 버티며 맞서고 있습니다. 이제 그들의 고통은 한계점에 이르렀지요. 영화 「여고괴담」은 여고에서 벌어지는 귀신 이야기를 다루고 있지만, 조금만 더 들여다보면 핵심적인 문제는 경쟁에서 비롯된다는 사실을 알 수 있습니다. 둘도 없이 다정했던 친구들이 끊임없는 경쟁 속에서 시기, 질투를 싹틔우고, 이는 돌이킬 수 없는 사건으로 귀결됩니다. 「여고괴담」 속 이야기들은 단지 영화 속 이야기가 아닙니다. 옆에 있는 짝꿍을 친구가 아니라 나의 또 다른 경쟁자로 인식하는 학교 문화의 솔직한 자화상인 셈이죠. 우리의 교실에서도 이러한 일들이 벌어지곤 합니다. 경쟁의 필요성을 주장하는 사람들의 의견처럼 경쟁을 통해 아이들의 학업 성적이 나아진다 하더라도 늘 새로운 집단의 경쟁자들이 그들을 기다리고 있을 겁니다. 이러한 폐해를 잘 알고 있으면서도 우리는 지금과 같은 교육 환경을 거대한 산으로만 여기며 개선의 의지를 스스로 단념하고 있습니다. 그저 인생의 한 관문이라 생각하고 몇 년간의 고통을 감수하라 말할 뿐이죠. 아도르노는 이처럼 기존의 질서에 저항하지 않고 무조건 순응하는 것도 야만의 또 다른 모습이라고 말합니다. 경쟁 위주의 교육 현실을 제대로 극복하기 위해서는 끊임없이 비판 의식을 가져야만 합니다.

분명 쉽지 않은 문제입니다. 그래서 전 사회적 변화가 동반되어야 합니다. 그동안 한국 사회에서 이렇게 경쟁 문화가 뿌리내릴 수 있었던 가장 큰 이유는 보상 체계의 편중 때문입니다. 현행 체계는 좋은 학벌이나 높은 지위를 갖는 소위 엘리트에게 많은 혜택이 돌아갑니다. 그러다 보니 자연스레 경쟁의 심화를 가져오지요. 이는 극심한 양극화 현상으로 이어집니다. 그러므로 학벌 외에도 사회적 성취에 이를 수 있는 다양한 길을 만드는 것이 필요합니다.

우선 보상 체계의 기준과 조건을 개선해야 합니다. 학벌이 아닌 여러 가지 기준으로 보상이 이루어지면 지금과 같은 비윤리적인 경쟁 문제를 해결하는 실마리도 찾을 수 있다고 생각합니다. 학업이 아닌 노동이나 창업 등 다양한 경로를 통해서도 사회적 성취에 도달할 수 있다면 현재 교육의 경쟁 이데올로기는 한층 완화될 것입니다.

교육의 궁극적인 목적은 무엇일까요? 단순한 지식 전달도, 특정 사회가 바라는 완벽한 인간상을 만들어 내는 것도 아닙니다. 아도르노는 올바른 의식을 가진 성숙한 인간을 길러 내는 것이라고 말합니다. 이를 위해서 교육은 무엇보다 아이들이 가진 재능을 마음껏 드러낼 수 있게 도와주어야만 합니다. 그 방법의 범주에 경쟁의 자리는 최소화해야 하고요. 친구의 열등감과 패배감을 통해 얻는 승리의 기쁨은 오래가지 못합니다. 그리고 그렇게 유지되는 사회는 행복하지도, 정의롭지도 않습니다.

경쟁 주도의 사회에서는 타인의 고통에 공감하는 능력이 자리를 잃게 됩니다. 단지 '차가움'을 생산하는 사회적 질서만이 존재할 뿐이죠. 이 냉기를 조성하는 경쟁을 극복하고 공존과 연대의 교육으로 나아갈 때 행복의 길에 조금 더 가까워질 것입니다. 한 사회의 교육 기조와 철학은 하루아침에 바뀌지 않습니다. 오랜 시간이 필요하지요. 하지만 모두의 노력이 함께한다면 충분히 가능한 일입니다.

# 삼각김밥만 먹더라도
# 외제차를 타고 싶다
— 과시욕과 이미지의 소비

## ● 질문이 시작되는 순간

유튜브 알고리즘을 따라 카푸어(Car Poor)의 유튜브를 보게 되었다. 돈을 버는 것보다 차에 들어가는 돈이 더 많은 사람들이 좀 이해가 안 됐다. 나는 지금까지 그런 비싼 차를 사는 사람들은 당연히 다 돈이 많아서 그런 거라고 생각했었는데, 그게 아니었던 거다. 자기가 어떻게 사는지보다 다른 사람들이 자기를 부자로 봐 주는 게 좋은 사람들이 있었다. 그리고 사람들이 사는 물건 중에 자동차가 다른 사람 눈에 제일 잘 띄는 거라서 아마 그렇게 외제차에 목숨을 거는 거겠지? 물론 나도 허세를 부릴 때가 있지만 어떤 사람들은 도가 좀 지나친 거 같다. 나도 어른이 되면 저렇게 될까? 걱정이다….

이미지의 소비

'하차감'이라는 말을 들어 보셨을 겁니다. 차에 탔을 때 느껴지는 편안함을 가리키는 '승차감'의 반대말이 아니라, 차에서 내릴 때 사람들이 자신을 부럽게 보는 시선을 일컫는 말이죠. 실제로 그렇든 아니든 사람들이 나를 성공한 사람으로 '보는' 것. 우리가 어떤 상품을 구매할 때 당연히 상품의 기능을 제일 중요하게 고려할 것 같지만, 실제로는 기본적 욕구를 채워 주는 상품 외에 다른 이유로 더 많은 소비를 한다는 것을 알게 되실 겁니다.

사람에게는 배고픔, 신체적 안전과 같은 기초적인 욕구를 채우는 것도 중요하지만 그 외에도 아름다움이나 개인적 기호에 의한 소비도 필요합니다. 사람들이 이동을 위해 자동차를 살 때, 그중에서도 수억씩이나 하는 외제차를 사는 것은 단순히 자동차의 기능과 쓰임 때문만은 아닐 겁니다. '이런저런 기능이 있는 차를 사고 싶다'가 아니라, '벤츠를 사고 싶다'라는 식으로 말하게 되곤 하는데요, 그렇다면 이 경우 자동차가 가진 성능의 우월함보다는 벤츠 자동차의 이미지를 사고 싶은 마음이 더 큰 것은 아닐까요? 단순히 성능이 좀 더 뛰어나다고 해서 3~4배가 넘는 가격의 외제 차를 산다는 것은 효용성의 경제 개념으로는 쉽게 이해가 되지 않습니다. 즉 합리적인 소비라고 보기 어렵습니다. 그런데 어떤 사람은 여러 대의 값비싼 차를 소유하고, 그때 그때 바꿔 가면서 차를 타기도 합니다. 얼마 타지 않은 멀쩡한 차를 팔고 값비싼 새 모델의 외제 차를 사는 행위는 분명 사치이며 낭비입니다. 그런데도 사람들이 이처럼 비합리적 소비를 하는 이유는 무엇일까요?

그것은 아마도 소비가 단지 생존을 위한 것을 넘어 진정으로 살아 있다는 느낌을 주는 요소로 기능하기 때문일 겁니다. 필요 이상의 초과분, 여분을 소비할 때 살아 있음을 느낀다는 것을 이해하기 어려우시죠? 사실 일반적인 시선으로는 병리적으로 보이기까지 합니다. 이러한 소비는 소모 그 이상이 될 수 없습니다. 즉 인간을 타락시키고 파괴에 이르게 한다는 점에서 특별한 사회적 기능을 갖는다고 봐야겠습니다.

현대인들의 소비 방식은 물물교환을 하던 예전과는 아주 달라졌습니다. 단순히 상품의 사용가치나 교환가치에만 관심을 갖는 시대가 아니죠. 특히나 개인의 삶에 SNS가 깊이 들어와 있는 요즘은, 비합리적인 금액을 지불해서라도 다른 사람들이 갖고 있는 바로 '그' 물건을 갖는 것, 그 물건 자체의 효용보다는 '그것을 살 수 있는 나', '그것을 즐기는 나'의 이미지가 더 중요해진 시대입니다. 심심치 않게 들려오는 '카푸어'나 '하차감' 같은 말은 현대인들이 실상 제품의 성능이나 필요보다 이미지에 주목하고 있는 현실을 잘 보여줍니다.

## 보드리야르와 인간의 탐욕

사람들이 상품의 기능이 아니라 그 상품의 이미지를 소비하고 있다는 것은 이미 많은 분이 인지하고 있을 텐데요, 스타벅스 커피가 맛있어서 먹는다고 한 사람들의 눈을 가리고 타사의 여러 커피를 맛보게 했을 때 엉뚱한 회사의 커피가 제일 맛있다고 고른 실험 결과도 있듯이, 우리는 생각보다 제품의 이미지에 큰 영향을 받습니다.

이렇게 현대인이 이미지를 소비하고 있다는 사실을 누구보다 명철하게 분석한 철학자가 장 보드리야르입니다. 보드리야르는 소비를 일종의 가치체계로 바라보죠. 왜냐하면 사람들이 소비 과정에서 서로 관계를 맺으며, 코드화된 가치들의 교환을 경험하기 때문입니다. 사람들은 사물 및 재화 그 자체가 아니라 다른 사람과의 차이를 신경 쓰며, 그것의 이미지를 소비합니다. 보드리야르에 따르면 우리는 이미지 속에서 살고 있으며, 제품을 소비할 때도 단순히 그 사용 가치에 주목하는 게 아니라, 거기에 담겨 있는 기호를 소비합니다. 기호를 소비함으로써 자신이 어떤 사람인가를 드러내는 셈입니다.

많은 영화나 드라마에서 쉽게 발견할 수 있는 주인공들의 특징 중 하나가 물질적 풍요로움의 표상으로서 권력을 과시하기 위해 값비싼 물건에 집착하는 것입니다. 보드리야르는 소비의 독특한 구조 중 하나로 사람들의 소비 기호가 지위 및 명성의 추구와 관련이 있다는 점을 지적하는데요, 꼭 그의 이론이 아니더라도 문학 속 주인공들의 모습에서조차 이를 쉽게 확인할 수가 있습니다. 대표적인 인물이 『위대한 개츠비』의 개츠비입니다. 막대한 돈을 축적한 개츠비는 자신이 사랑하는, 한때 연인이었던 데이지를 다시 자기의 사람으로 만들고 싶은 욕망에 그녀에게 접근합니다. 그런데 그 방식이 바로 그녀가 사는 곳 주변의 호화로운 저택을 사매일 화려한 파티를 열면서 그녀가 오기를 기다리는 것이었습니다. 대저택과 가구, 옷 등은 하나같이 자신을 엄청나게 성공한 사람으로서 드러내고 싶은 개츠비의 과시욕을 표현하는 수단이었습니다.


## 시뮬라크르와 시뮬라시옹

종종 기업은 제품을 홍보하기 위해서 유명 운동선수나 연예인 등을 모델로 적극 활용합니다. 해당 인물의 이미지와 소비자의 선호를 고려해서 모델을 선정하지요. 광고에 출연하는 배우의 이미지가 소비자에게 좋을수록 출연료도 높게 책정됩니다. 사실, 이때 기업이 구매한 것은 그 배우의 이미지입니다. 그 이미지를 자사 제품에 투영한 것입니다. 그래서 때때로 그 배우가 사회적 물의를 일으키는 경우에는 자기 회사의 도덕적 이미지를 훼손시켰다는 이유로 위약금을 물리고 다른 사람을 캐스팅하기도 합니다. 실제로 한번 손상된 이미지는 쉽게 회복되지 않습니다.

사춘기 자녀가 어떤 물건을 갖고 싶다고 조르는 경우를 떠올려 봅시다. 자녀의 행동이 합리적으로 이해되지 않을 때가 있습니다. 특정 회사의 스마트폰을 사 달라며 떼를 쓰는 아이의 모습이 그렇습니다. "친한 친구들은 모두 해당

제품을 쓴다"는 솔직한 칭얼거림에 속상했던 부모님도 계실 겁니다. 만약 여러분이 스마트폰의 사용 가치에만 주목한다면 자녀의 요구에서 딱히 합리적인 이유를 찾기 어렵습니다. 스마트폰이 있는데, 또 산다는 것은 일종의 낭비인 셈이죠. 그러나 자녀가 원하는 소비는 이미지와 관련됩니다. 스마트폰의 쓰임새보다는 특정 스마트폰을 소유함으로써 친구들에게 그 이미지를 소유한 사람이 되는 것입니다.

오늘날 우리는 사물의 실재보다는 실재로부터 파생되는 이미지에 경도된 시대를 살고 있다 해도 과언이 아닙니다. 보드리야르는 실재에서 이미지로 전환되는 작업을 시뮬라시옹(Simulation), 그리고 실재를 대체하는 가상실재, 즉 이미지를 시뮬라크르(Simulacre)라고 설명합니다. 혹시 여러분, 시뮬라크르가 대체해 버린 가상의 실재를 살아가고 있지는 않나요? 카카오톡, 페이스북, 인스타그램 같은 SNS에서 사람들은 자신을 이미지화합니다. 자신을 현실과 다르게 포장하여 전시하지요. 인스타그램에 올라오는 멋진 풍경 사진, 유명한 음식점에 다녀왔다는 인증 사진 등은 단순히 자기 기록이라고만 보기에는 너무도 타인을 의식한 시뮬라크르입니다.

문제는 오히려 시뮬라크르들이 실재를 더욱 잠식하여 우리에게 마치 그것들이 실재인 것처럼 느끼도록 하고 있는데도, 이러한 현상을 인식조차 못하고 살아가는 사람이 많다는 것입니다. 무엇이 진짜인가요? 현대인들은 진짜보다

아이들은 자꾸 어려운 질문을 한다

더 진짜 같은 이미지에 현혹된 삶 속에서 허우적거리고 있습니다.

## 계급은 사라졌을까? 소비 신분제 사회를 살기

현대인의 소비는 크게 세 가지 특징을 갖고 있습니다. 첫째, 소비는 더 이상 사물의 기능적 사용 및 소유를 위한 것이 아닙니다. 둘째, 소비는 단순히 개인이나 집단의 위세 과시용이 아닙니다. 셋째, 소비는 커뮤니케이션 및 교환의 체계로서, 끊임없이 보내고 받아들이고 재생되는 기호의 코드로서, 즉 언어활동으로서 정의됩니다.

사용이나 교환이 아닌 기호 차원에서 상품의 가치가 달라집니다. 사람들은 단순히 자신의 욕구를 충족시키기 위해서가 아니라, 자기 과시를 위해 소비를 합니다. 일부는 자신의 수입으로는 감당이 되지 않을 정도의 명품이나 사치품들을 사기도 합니다. 특정 문화에 대한 향유와 권력의 행사를 통해서 자신들의 우월성을 증명하려는 것이지요. 심지어 상품의 기호 가치에 무게를 두면서 상품이 지닌 물질성을 애써 지우려고까지 합니다. 이런 심리는 비단 부자들만의 습성은 아닙니다.

계급이 사라진 시대를 살고 있다지만, 현대인들은 소비를 통해서 저마다 자신의 신분을 드러내려 합니다. 6천만원

대의 차를 모는 사람, 2억원대의 차를 모는 사람은 이미 본인이 모는 차로서 본인의 신분을 한껏 드러내죠. 하지만 인터넷에 쏟아지는 '카푸어'들의 이야기들만 보더라도 알 수 있듯 이런 소비로 인한 과시가 얼마나 허망한가요? 사람들이 나를 '명품인간', '성공한 젊은이'로 보아 주는 게 진짜인가요, 아니면 그 이미지를 유지하기 위해 하루 세 끼 라면을 먹는 나의 하루가 진짜인가요? 사람이 아무리 빵만으로는 살 수 없다지만, 우리의 욕망이 우리 삶을 위해 있지 않는다면 과연 그것이 여전히 따라야 할 욕망이 맞는 것일까요? 이미지가 아니라 진짜 '자기'로 사는 것. 그것을 인식하는 삶이 우리의 일상을 바꾸어 놓을 거라고 믿습니다.

아이들은 자꾸 어려운 질문을 한다

**더 생각해 보기**

기 드 모파상의 『목걸이』에는 아름답고 매력적이지만 허영심 많은 여성 마틸드가 등장합니다. 그녀는 평범한 가문의 남자 루아젤과 결혼 생활을 시작합니다. 비록 남편이 성실한 공무원이었지만, 화려한 삶을 꿈꾸는 마틸드는 자신의 허영을 채울 수 없어 늘 불만이었습니다. 그녀는 친구에게 다이아몬드 목걸이를 빌려 차고 장관의 집에서 열리는 파티에 참석합니다. 굳이 자신의 전 재산보다도 비싼 다이아몬드 목걸이를 빌려야 할 이유가 있었을까요? 시뮬라시옹과 연관 지어 마틸드의 행위가 갖는 의미를 생각해 보세요.

# 원자력 발전소,
# 정말 안전한가요?

● **질문이 시작되는 순간**

드디어 도쿄 올림픽이 개막하는 날이다. 과연 우리나라는 메달을 몇 개나 딸까? 너무 기대가 된다. 그런데 스포츠 뉴스에서, 선수들이 이용하는 식당의 음식에 후쿠시마산 재료가 쓰인다고 들었다. 후쿠시마라면 예전에 원자력 발전소 사고가 난 곳이다. 그나마 다행히 우리나라 선수들은 따로 도시락을 준비해 먹는다고 한다. 우리 선수들이 정말 잘할 수 있게 이상한 음식들은 먹지 않았으면 좋겠다. 원자력 발전소 사고가 나면 방사능 외에도 몸에 안 좋은 것들이 많이 나온다고 배웠다. 예전에 책에서도 방사능은 정말 위험한 물질이라고 본적이 있다. 그런데 우리나라에도 원자력 발전소가 여러 곳에 있다고 한다. 저번에 선생님께서 전기 때문에 원자력 발전소가 가동된다고 말씀하셨다. 잘 이해가 가지는 않았다. 이렇게 위험한데 정말 다른 방법은 없는 걸까? 우리나라 원자력 발전소라고 무조건 안전할까?

## 위험사회가 오고 있다

불과 얼마 전까지만 해도 파란 하늘과 하얀 구름은 우리에게 특별하게 다가오는 것들이 아니었지요. 그만큼 언제든지 쉽게 볼 수 있었습니다. 하지만 요즘은 오존 경보가 내려 뿌연 하늘을 보는 날이 점점 많아지고, 어느새 마스크가 우리 생활의 필수품이 되었습니다. 미세먼지와 코로나 바이러스 등으로 외출 자체가 우려되는 시기입니다. 이 같은 걱정은 우리가 살고 있는 이 사회에 '위험'이라는 단어가 점점 더 큰 존재감을 차지하고 있음을 말해 줍니다.

현대사회를 위험사회라는 개념으로 정의한 것으로 유명한 독일의 사회학자 울리히 벡은 현대적 위험과 과거의 위험은 구분해야 한다고 말합니다. 벡에게 있어 두 눈으로 확인 가능한, 산불과 같은 자연재해는 과거의 위험입니다. 반면 미세먼지는 현대적 위험이라고 볼 수 있습니다. 현대적 위험은 눈에 잘 보이지도 않고 피해 정도를 가늠하기도 어렵지요. 벡은 과학기술이 발전함에 따라 이러한 현대적 위험이 증가할 것이라고 예견하였습니다.

산업혁명 이후에 인류는 기존에 없던 생산력을 보유하고, 경제적으로 풍요로운 삶을 누리게 되었습니다. 그런데 이처럼 산업사회가 발전할수록 우리가 감당해야 할 위험 또한 커졌지요. 즉 부의 사회적 생산과 더불어 위험의 사회적 생산이 수반된 것입니다. 우리는 늘어난 부에 대한 분배 문제 못지않게 위험의 분배 문제 또한 고려해야 합니다. 최근 등장하는 기후 위기나 원전 폭발 등은 한 국가만의 문제가 아닙니다.

한국은 '한강의 기적'이라고 불리는 산업 발전을 이루었고, 세계에서 선진국으로 인정받고 있습니다. 그 과정에서 여러 부작용이 발생하기도 했지요. 그동안 경제 발전이라는 더 큰 목표 아래 그에 따른 위험들은 마땅히 감당해야 할 희생으로만 여겨졌습니다. 하지만 산업화로 발생한 위험들은 이제 한 국가를 넘어 인류의 운명을 좌우할 만큼 큰 문제입니다. 이를 해결하기 위한 전 지구적인 노력이 요구됩니다.

## 위험사회의 특징

인간의 이성은 완벽하지 않습니다. 이성에 기초한 합리성에는 항상 위험 가능성이 자리하고 있습니다. 그리고 벡이 지적하는 현대 위험사회에서의 '위험'은 인간의 통제 범위를 넘어서며, 그 크기조차 가늠하기 힘듭니다. 일본에서 일어났던 후쿠시마 원전 사고를 보면 우리는 이러한 위험이 어떠한 성격을 띠고 있는지 분명히 알 수 있습니다. 2011년 일본의 동북부 지역에서 대규모의 지진이 발생하였고, 이로 인해 쓰나미까지 일어났지요. 바닷가 근처에 있는 마을들은 말 그대로 쑥대밭이 되었습니다. 그런데 더 큰 문제는 지진으로 후쿠시마현에 있던 원자력 발전소에 사고가 났다는 점이죠. 원자력 발전소에 지진해일이 덮치면서 발전소 안에 있던 모든 전기 시설이 손상되었고, 그로 인해 방사능까지 누출되고 말았습니다.

대부분의 원자력 발전소에서는 사전에 여러 가지 상황

을 고려해 방어벽을 높게 쌓는 등 안전시설을 갖추고 있습니다. 하지만 쓰나미를 비롯해 예상치 못한 자연재해가 몰아치면, 그들이 자랑하는 안전시설은 무용지물이 되어 버립니다. 이처럼 위험사회에 존재하는 위험은 더 이상 인간의 힘으로 통제할 수 있는 영역이 아닙니다. 사실 쓰나미로 망가진 삶의 터전은 비록 그 피해가 막대하나 사람들의 노력으로 어느 정도는 복구할 수 있습니다. 그러나 쓰나미가 원인이 되어 벌어진 원자력 발전소 사고는 전혀 다른 차원의 문제입니다. 대량으로 유출된 방사능은 다시 주워 담을 수 없을뿐더러 쉽게 제거할 수도 없습니다.

게다가 이러한 위험은 시간적 한계마저 뛰어넘습니다. 원전 사고가 발생한 지 10년이 지났지만, 여전히 한국 선수단이 후쿠시마산 재료를 마다하고 따로 도시락을 준비한 것을 보면 알 수 있지요. 이처럼 원자력 발전소 사고가 남긴 불안감은 현재 진행형입니다. 기존 세대에서 벌어진 일이 아직 태어나지 않은 후대에까지 지속적으로 영향을 미칠 수밖에 없음을 보여 주는 단적인 예입니다.

현대 사회의 위험은 계급은 물론, 국경도 대륙도 의미가 없습니다. 과거의 위험은 특정 계층이나 장소에 국한되었지만, 오늘날의 위험사회는 계급이나 지역에 관계없이 전 지구적 문제로 다가오고 있습니다. 후쿠시마 원자력 발전소의 방사능 물질은 국경과 상관없이 대기와 바다를 통해 전 세계로 확산되었습니다. 방사능에 오염된 환경은 인명 피해

뿐만 아니라, 여타 생물의 정상적인 생활에도 피해를 줍니다. 방사능에 노출된 생물은 세포가 손상되고, 유전자 변형도 일어날 수 있습니다.

원전 문제만이 아닙니다. 스모그나 황사와 같은 공해 역시 국경을 넘어 모두에게 보편적이고 잠재적인 위험으로 다가옵니다. 가난한 사람이든 부유한 사람이든 상관없습니다. 빈곤은 위계적이지만 스모그는 민주적이죠. 즉 객관적으로 위험은 그 영향이 미치는 범위 내에서 누구에게나 적용되는 것입니다.

과학의 발달은 분명히 인류에게 큰 선물을 안겨 주었습니다. 하지만 과학이라는 배의 항로를 제대로 이끌지 못한다면, 인류에게 크나큰 재앙이 될 수 있습니다. 국내 최초로 원전 재난을 다룬 영화 「판도라」에서는 원전 폭발 후의 피해를 생생히 그리고 있습니다. 그런데 많은 사람들이 영화의 원전 폭발과 대응 장면들을 보고 비과학적이라고 비판하곤 합니다. 그리고 일부는 영화의 메시지를 가리켜, 원전에 대한 괜한 공포가 확산되었다고 말하죠. 하지만 100퍼센트 보장되는 안전이란 없습니다. 특히 원전 사고는 그 피해 규모를 고려할 때, 단 1퍼센트의 위험 가능성이라도 있다면 대비해야 합니다. 원전 사고의 가능성을 완전히 제거하는 방법이 과연 존재할까요?

그동안 세계적으로 발생했던 원전 사고의 원인은 크게 두 가지입니다. 체르노빌 때와 같은 관리 부실, 그리고 후쿠시마 원전 사고와 같은 자연재해입니다. 관리 부실은 인재이지만 자연재해는 말 그대로 천재지변입니다. 거대한 쓰나미는 해안가의 방벽을 넘었고 원전을 침수시켰습니다. 인간의 과학으로 자연을 극복할 수 있다는 생각은 오만입니다. 원전 사고의 위험을 없애는 방법은 단 하나, 원자력 발전소를 포기하는 것입니다. 하지만 우리는 그러지 못합니다.

원전을 포기하지 못하는 가장 큰 이유는 에너지원으로서의 가치 때문이지요. 그러나 경제적 가치 못지않게 그 위험성의 근거 역시 무수합니다. 그럼에도 불구하고 과학자들의 연구 방향은 여전히 원전을 유지할 수 있는 쪽에만 초점이 맞춰져 있습니다. 새로운 에너지원의 개발을 통해 위기를 실질적으로 해결하려는 것이 아니라, 기존의 것을 지키는 데 만족하려 하죠. 이는 현대 과학이 지닌 분명한 한계입니다.

이처럼 과학이 이성과 합리성의 궁극적 요체라 할지라도 우리 사회에 도래하는 위험을 완전히 제거할 수 없습니다. 오히려 과학의 발달로 인해 예상하지 못한 위험에 노출될 수 있다는 사실을 명심해야 합니다. 따라서 우리가 마치 근대화의 초창기처럼 모든 문제를 합리성에만 의존해 해결하려고 한다면, 현대 위험사회에서 인류가 설 자리는 작아지게 될 것입니다.

"과학적으로 증명됐대", "과학적으로 그래"라는 말을 들으면 우리는 갑자기 반문을 할 동력을 잃어버리곤 합니다. '과학적으로 그렇다는데 뭐…' 하고 논의가 종결되어 버리죠. 억지 주장을 하는 것보다야 이렇게 과학과 이성이 중시되는 것이 나은 것 같으면서도, 과학을 지나치게 맹신하는 데에도 문제가 있지 않을까 싶습니다. 과학은 위험을 합리적인 계산과 조작을 통해 수치화하고 계량화하지만, 이것이 재난을 막는 완벽한 대비책이 될 수는 없습니다. 원전의 안전성에 대해 과학자들은 일련의 기준과 수치들을 근거로 제시합니다. 하지만 후쿠시마 원전 사태에서 볼 수 있듯이, 자연의 힘 앞에서 그러한 수치들은 한낱 숫자에 불과하지요. 그래서 벡은 현대의 위험사회에서 인류가 살아남기 위해서는 이전의 단순 근대화와 대비되는 '성찰적 근대화'의 과정이 필요하다고 주장합니다.

성찰이라는 표현을 쓴 것처럼, 우리는 각자 삶의 영역에서 근대화의 의미를 다시 한번 생각하고 반성해 볼 필요가 있습니다. 즉 산업사회의 원리를 다시 살피고 새로운 근대성을 찾는 것이지요. 원래 근대화는 산업에서뿐만 아니라 정치의 민주화, 사회의 합리화를 모두 포함하고 있는 개념입니다. 하지만 현대 사회에서는 산업적 측면에만 국한되었던 게 사실입니다. 한국 사회 역시 6.25 전쟁 이후 피폐해진 국가의 경제 재건을 위해 많은 위험을 무릅쓰고 산업의 근대화를 위해 모든 동력을 쏟아부었지요.

그동안 사회의 많은 영역이 산업 발전을 위해 과학적 합리성에 의존했다면, 이제는 많은 구성원이 참여하는 사회적 합리성과의 공존으로 나아가야 합니다. 그래야만 각종 위험으로부터 지구를 지켜 낼 수 있습니다. 과학은 분명히 다양한 문제를 해결하는 데 중요한 역할을 하고 있지요. 앞으로도 그 역할은 계속될 겁니다. 다만 그동안 과학이 독점해 온 위험에 대한 인식과 분석들을 이제는 다른 영역들이 나누어 가져야 합니다.

한국 사회에서는 주요한 선거가 있을 때마다 원전과 관련된 공약이 제기됩니다. 원전의 철폐에는 분명한 입장 차이가 있지만, 원전의 위험을 극복해야 한다는 데는 보수와 진보를 가리지 않고 동의합니다. 결국 '위험'이 분명한 사회적 의제로서 위상을 확보해 나가고 있다고 볼 수 있습니다. 그 이후에는 위험과 관련된 사회적 결정 과정에 보다 많은 사람들이 자유롭게 의견을 제시할 수 있어야 합니다. 안전에 대한 약속은 위험 및 파괴의 가능성과 나란히 늘어나겠지요. 그래서 비판적 시각을 갖춘 대중들이 기술과 경제 발전에 대해 보다 실제적인 개입을 해야만 합니다. 그리고 그러한 참여가 일회성에 그치지 않고 지속적으로 반복될 필요가 있겠지요. 그렇다면 과학이 미처 끌어안지 못한 다양한 위험의 영역이 분명히 드러날 수 있습니다. 그리고 집단지

성을 기반으로 이루어지는 합리적 토론을 통해 우리 사회는 '성찰적 근대화'에 한층 더 가까워지게 될 것입니다.

경제 성장 논리와 그로 인해 인류가 얻고 있는 풍부한 물자와 에너지는 단기적인 충족에 불과합니다. 장기적으로 보면, 우리 삶의 토대가 조금씩 망가지고 있는 것입니다. 기다릴 시간이 없습니다. 지속 불가능한 토대 위에 미래의 청사진을 그리는 일은 불가능합니다. 미래 세대가 살아갈 소중한 터전을 지키기 위해서라도 위험을 직시해야 합니다.

# 지구온난화는
# 과학기술로 해결할 수 없나요?

● **질문이 시작되는 순간**

저녁 식사 후 오랜만에 가족들끼리 나란히 앉아 TV 뉴스를 보았다. 영하의 추운 날씨에 여러 사람들이 피켓을 들고 시위를 하는 모습이 눈에 들어왔다. 오늘 체감 온도가 영하 10도까지 내려간다고 했는데 정말 대단했다. 자세히 보니 무슨 환경단체 같았다. 그 사람들이 들고 있는 여러 피켓에는 지구가 불길에 타고 있거나, 북극곰이 눈물을 흘리는 그림도 있었다. 그중에서 난 '우린 지구온난화로 죽는다'는 문장이 가장 인상 깊었다. 지구온난화 때문에 기온이 들쭉날쭉하고 심지어 살던 나라에서 강제로 떠나야 하는 기후난민들도 많아진다고 한다. 과학기술은 날로 발전하고 있는데 우리는 왜 이런 문제를 해결하지 못하는 걸까?

## '지구온난화' 뭐가 문제지?

최근 지구촌 곳곳에서 이상기후 현상이 발생하고 있습니다. 캐나다와 미국의 특정 지역은 폭염으로 한 마을의 기온이 거의 섭씨 50도까지 올라가기도 했습니다. 중국이나 유럽 일부 지역은 단 몇 시간 만에 몇 달 동안 내릴 비가 내려 많은 사상자와 물질적 손실을 초래했지요. 이상기후 현상은 점점 우리의 생존 문제와 밀접해지고 있습니다. 추운 날씨에도 불구하고 바깥에서 환경문제 개선을 요구하는 이들의 노력이 지금의 심각성을 대신 말해 주고 있습니다. 그리스 신화에서 프로메테우스는 제우스의 경고에도 불구하고 선천적으로 다른 동물보다 약하게 태어난 인간에게 불을 가져다주지요. 인간은 그 불을 기반으로 자연을 지배하는 힘을 얻습니다. 그 힘으로 오랜 시간 동안 자연을 이용하여 과학과 기술을 발전시켜 왔지요. 과학의 발전은 인간에게 유토피아의 꿈을 갖게 했고 실제로도 엄청난 성장을 가져다주었지만 동시에 많은 문제점을 남기기도 하였습니다.

유대인 철학자 한스 요나스는 과학기술에 의한 환경 파괴의 문제에 관심을 가지며 인간과 자연의 관계에 근원적 질문을 던지고 있습니다. 그는 『책임의 원칙』이라는 저서를 통해 자연에 대한 인간의 책임을 강조하며 인간이 자연보다 우월한 존재가 아니라 자연에 의존하고 있다는 사실을 받아들여야 한다고 강조합니다.

인간은 과학의 발전과 함께 과거와는 비교할 수 없는 물질적인 풍요를 얻었습니다. 하지만 그 대가로서 과학 발전의 도구로 사용되어 온 자연은 지금 심각한 위기에 빠져 있지요. 자연은 여러 이상기후 현상을 통해 현 상황의 심각성을 드러내고 있습니다. 그 대표적인 예가 바로 '지구온난화'입니다. 산업혁명 이후 이산화탄소와 같은 다량의 온실가스가 배출됨에 따라 지구 대기에 그 농도가 증가하였습니다. 그러자 지구의 표면 온도가 과도하게 상승하였고, 지구 온난화를 초래하게 되었죠. 최근 연구에서는 지구온난화로 지구 평균 기온이 3도 이상 올라가게 되면, 지구에 사는 생물 중 대부분이 멸종할 거라는 충격적인 결과가 보고되기도 했습니다. 생태계에 대혼란이 일어나 많은 생물이 멸종하고, 농작물이 감소함에 따라 인간은 굶주림에 시달리게 되겠지요. 한쪽에는 홍수가, 또 다른 쪽에는 가뭄이 들면서 각종 전염병도 발생할 것입니다. 그리고 일본 같은 섬나라는 바닷속으로 가라앉아 지구상에서 영영 사라지게 될지도 모릅니다.

지구온난화에 따른 여러 가지 부작용을 어떻게 해결할 수 있을까요? 그것은 인간 역시 자연의 일부라는 사실을 인정하는 생태학적 태도를 견지할 때 가능해집니다. 이와 반대로 인간이 자연을 끊임없이 정복하는 방식으로 행복한 사회를 만들 수 있다는 이기적 사고는 오히려 디스토피아를 불러올 것입니다. 과학에 대한 맹신에서 벗어나 현실에 대한 비판적인 사고를 통해 올바른 관점을 제시해야 합니다. 인간은 자유를 실현하기 위해 자연을 지배하고 이용해 왔지만 더는 안 됩니다. 여기서 멈추지 않는다면 인류는 이제껏 경험해 보지 못한 최악의 위기를 마주할 것입니다. 이제는 자연과 인간의 새로운 관계 형성이 필요합니다.

최근 유럽과 북미 지역에 대형 산불이 잇따라 발생하면서 많은 피해를 일으켰죠. 특히 고온건조한 기후와 강풍까지 가세하면서 지난 10년간 최악의 산불로 기록될 전망이라고 합니다. 이러한 사태를 보면서 과학자들은 지구온난화에 따른 기후변화 때문에 지구 전역에 화재 위험이 커졌다고 경고하고 있지요. 미국 또한 역사상 가장 큰 산불이 발생하였고 이것이 곳곳으로 번지면서 완전 진압에 어려움을 겪기도 했습니다. 무더운 날씨는 산림을 건조하게 만들어 작은 불씨에도 큰불이 나기 쉬운 환경으로 변합니다. 그리고 지구온난화와 이상기후가 발생시킨 이 화마가 다시 또 막대한 양의 이산화탄소를 발생시키면서 상황은 악화일로에 빠지게 되죠. 인간이 계속 자연의 목소리를 외면한 채 과거와 같은 태도로 자연을 대한다면, 더 이상 우리가 발붙일 곳이 없어질지도 모릅니다.

그동안 서구 전통 윤리에서는 주로 인간들 사이의 관계에만 관심을 보였습니다. 인간과 자연의 관계에 대해서는 침묵해 왔지요. 그래서 전통적인 관점에서는 인간이 타인의 의지와 자유를 훼손하지 않는다면 자연에 대한 소유와 지배를 인정하였습니다. 이러한 윤리관은 지금까지 경험하지 못한 새로운 유형의 위기에 대해서는 한계를 지닐 수밖에 없습니다. 이제는 윤리가 다루는 관계 영역의 확장이 필요합니다. 즉 자연과 인간의 관계를 새롭게 조망하면서 그들을 책임질 수 있는 윤리학을 정초하는 과정이 요구됩니다. 자연은 인간의 입맛에 따라 쓰이는 존재가 아닙니다. 인간도 자연의 한 부분일 뿐입니다. 이제는 인간 중심적 사고에서 탈피해야만 합니다. 인간이 온전한 자유를 실현하려면 자연과 유기적 관계를 형성해야만 합니다. 인간이 자유를 실현할 수 있는 토대인 자연을 황폐화한다면, 결국 자유의 가능성을 스스로 박탈하는 어리석은 잘못을 범하는 꼴입니다.

영화 「투모로우」는 지구온난화로 인해 지구가 어떻게까지 변할 수 있는지를 잘 보여 주는 영화입니다. 영화에서 지구온난화로 인해 불어닥친 급격한 기상이변은 지구 전체를 위협합니다. 남극의 빙하가 갈라지고 녹으면서 해류가 변화하고 북반구에 갑작스러운 빙하기가 오게 되지요. 영화 속 지구온난화와 기상이변 문제는 과학적으로도 상당히 설득력을 갖추고 있으며 현실감 있게 묘사됩니다. 영화가 개봉한 지는 상당히 오래되었지만, 환경문제에 대한 경고 메시지는 현재까지도 유효합니다. 하지만 맨 처음 이야기 속 아이처럼, 아직은 순진한 시각도 존재합니다. 여전히 누군가에게 지구온난화나 기상이변은 단지 뉴스 속 이야기로만 여겨집니다. 환경을 위해 에너지를 절약해야 하고 일회용품 사용을 자제해야 한다는 이야기 등을 자신과는 크게 상관없는 일이라고 생각하기 쉽지요. 하지만 이제는 일상의 불편함을 감수하고서라도 당장 실천해야만 합니다. 정부나 기업

등의 거시적인 탄소 저감 대책과 함께 개개인의 노력이 어우러져야만 효과를 거둘 수 있습니다.

인간은 이제라도 자연에 책임을 져야만 합니다. 일반적인 의미에서 책임이란 개인이나 집단이 이미 한 행동의 원인과 결과를 판단하고 반성하는 일이지요. 하지만 자연과의 관계에서 책임은 과거의 행동에만 국한되지 않습니다. 앞으로 계속될 행위에 따라 예상되는 미래의 일에도 책임져야 합니다. 인간은 유토피아 건설을 위한 도구로 자연을 사용하고 지배해 왔습니다. 기후 위기를 비롯하여 현 상황의 심각성을 알리는 자연의 목소리에도 여전히 아랑곳하지 않는 사람들도 많지요. 인간의 이기심과 욕망은 지금도 계속되고 미래에도 멈추지 않을 테니까요. 인간의 터전인 자연환경과 많은 생명을 살리기 위한 적극적이고 능동적인 자세가 필요합니다.

최근 인공위성 기술이 발달하면서 화성을 포함해 지구를 대체할 수 있는 새로운 환경을 개척하려 노력하고 있습니다. 하지만 무엇보다도 현재 우리가 살고 있는 지구의 자연을 지켜 내는 게 우선입니다. 자연은 인간 없이도 잘 살 수 있지만, 인간은 자연 없이는 단 하루도 이 지구에서 살아갈 수 없습니다. 따라서 자연을 지키고 보존하려는 노력은 인간의 책임이자 동시에 스스로의 생명을 지킨다는 최우선적인 목적을 달성하는 길입니다.

기후 변화는 현세대와 미래 세대 모두에게 적지 않은 영향을 미칩니다. 이제 핵심은 인간의 욕망과 함께 거대해진 과학이 초래한 이 위기를 어떻게 극복할 것인가입니다. 위기 극복의 의지는 자연에 대한 책임으로 귀결됩니다. 우리는 과학기술을 통해 미래에 일어날 상황을 예측합니다. 그리고 '과학'이라는 수식어는 미래 예측의 신빙성을 한껏 높여 주지요. 하지만 99%의 확률로 안전을 보장한대도 여전히 1%의 불확실성은 남게 됩니다. 그 가능성이 아주 미미할지라도 지구와 인류의 운명과 관련된 일이라면, 불확실성에 적극적으로 대비해야 하지 않을까요?

요나스는 '공포의 발견술'을 통해 인류의 욕심이 초래하는 자연과 미래 세대의 피해를 책임질 윤리를 정립하고자 노력합니다. 공포의 발견술이란 현재 과학기술이 의도하지 않은 결과가 미래에 부정적으로 나타날 수 있다는 관점을 토대로 인간 행위의 원칙과 방향을 찾고자 하는 방법입니다. 막연한 희망보다는 공포를 논의의 대상으로 삼아 경각심을 일깨우고, 기술의 발전이 인류의 문제 해결에 만능열쇠가 될 수 없다는 점을 분명히 하는 것이죠.

자연과 미래 세대에 대한 책임은 현재를 살아가는 우리의 당연한 의무입니다. 이제 우리는 인류가 얼마만큼 기술을 발전시키고 환상적인 모습을 보여 줄 수 있느냐에 관심을 두어서는 안 됩니다. 우리가 자연을 해쳤던 만큼, 자연이 얼마만큼 버틸 수 있느냐를 고민해야지요. 지금도 개발도상 국에서는 화석연료에 의존하여 각종 산업을 운영하고 있습니다. 자연을 단지 그들의 삶을 윤택하게 만들어 줄 도구로서 이용하고 있지요. 물론 그들만을 원망할 수는 없습니다. 그 모습은 불과 몇십 년 전 우리의 모습이었으니까요. 하지만 이제는 의식의 변화가 꼭 필요합니다. 모두 함께 모여 대화하고 해법을 모색해야지요.

최근에 몇몇 과학자들을 중심으로 미래 환경에 대한 비관적 견해를 반박하는 여러 논의가 제시되기도 합니다. 그러한 입장을 지지하는 사람들은 자연의 안전을 걱정하는 사람에게 조소를 보내곤 하지요. 그들은 기후 변화의 요인을 과학적으로 분석하여 아직 지구가 안전하게 잘 관리되고 있다고 말합니다. 하지만 과학은 자연의 위대함 앞에서 완벽할 수 없습니다. 인간의 과학으로 자연을 무조건 이해할 수 있다는 생각은 너무 위험합니다. 자연과 미래 세대에 대한 책임 문제는 단순히 경제적 이익을 따지는 논의가 아닙니다. 푸른 별 지구에 살고 있고, 앞으로도 살아가야 할 인류의 생존과 직결된 일입니다. 국가의 정책을 결정할 때 최우선적으로 기후 문제를 고려해야만 합니다. 절박한 심정으로 지구촌의 모든 사람들이 자연을 위한 선택을 서두르면 서두를수록 이 아름다운 별에서 우리가 함께할 수 있는 시간은 조금 더 길어지겠지요. 미래는 우리의 손에 달려 있습니다.

# 함께 살기의 어려움

## ─모순을 마주하기

● **질문이 시작되는 순간**

학교가 답답한 이유는 '절대'와 '반드시'가 너무 많아서다. 학생들은 앞문을 '절대' 사용하면 안 되고, 하기 싫은 단체활동도 빠지면 절대 안 되고, 복장은 반드시 어때야 하며…. 이런 조항들에 왜 그래야 하냐고 물으면 돌아오는 대답은 "원래 그래 왔다"는 말뿐. 불만이 있어도 참으라고만 한다. 조금만 달라져도 숨통이 트일 것 같은데, 학생이라는 이유로 하기 싫은 일들, 이해할 수 없는 일들에 절대 복종해야만 하는 걸까? 우리의 의견을 받아들이면 더 좋은 학교가 될 것 같은데, 선생님들은 왜 그걸 '불만'으로만 생각하시는 건지 답답하다.

모순을 마주하다

선생님들은 저마다 확고한 학급 운영 방침이나 자신만의 교육철학이 있을 겁니다. 학생들에게 좋을 거라고 판단한 결과이기도, 혹은 오래전부터 해오던 것을 그대로 답습하는 경우도 물론 있겠지요. 학급에 필요한 규칙이라면 생활을 함께하는 학생들과 정하면 좋을 텐데 그러지 못해서 아쉽습니다. 학교에서 만들어진 규칙을 이해하기 어려운데도 무조건 따라야 하는 데서 오는 학생들의 답답함은 충분히 이해가 갑니다. 우리 모두 한때는 학생이었으니까요. 학교 생활을 하면서 공동으로 지켜야 할 규칙이 있다면, 학생들이 스스로 납득을 하는 일이 우선되어야 할 겁니다. 아이들이 학교에서 생활하면서 '이해하기 힘든' 규칙들을 마주하는 이유는 그것이 그동안의 상식과 모순되기 때문일 텐데요, 모순은 개인에게 일종의 갈등 형태로 드러납니다. 학생의 상식과 새로운 규칙 사이에 갈등 구도가 형성되는 것이지요.

아이가 내면에서 느끼는 이러한 모순은 그 자체로 상당히 의미가 있습니다. 왜냐하면 이러한 모순된 상황을 극복함으로써 성장할 가능성이 있기 때문입니다. 선생님도 마찬가지입니다. 만약 학생이 "왜 그래야만 하나요? 더 좋은 방법이 있지 않나요?"라는 질문을 하면, 그때부터 교사의 생각과 그에 반하는 학생의 생각이 대립하게 됩니다. 이 갈등 구도를 합리적으로 극복할 수 있다면, 학생은 물론이고 선생님 역시 발전할 수 있겠지요.

학급의 규칙들에 대해 이야기했지만, 사실 삶에서 겪는 갈등 경험 대부분이 그렇습니다. 개인적 차원에서 내적 갈등도 그렇고, 사회적 차원에서 사람과 사람, 집단과 집단 사이의 갈등도 그렇습니다. 우리는 모순된 상황에 직면했을 때 자기 내부에서 갈등을 겪으며 그것을 긍정적인 것으로 파악하려는 시도 속에서 발전적 통합을 기대할 수 있습니다.

「세 얼간이」는 인도의 유명 공과대학에 입학한 대학생들의 우정과 꿈을 그린 영화로, 교육열 높은 우리나라에서도 많은 공감을 얻은 바 있죠. 주인공 '란초'는 잘못된 학교 전통과 관행에 재치 있게 맞섭니다. 아버지의 강요로 공대에 진학한 '파르한'과 가난하기 때문에 돈을 벌기 위해 이곳에 진학한 '라주' 역시 란초를 따라 학교 관습에 저항하는 모습이 특히 인상적인데요, 다른 학생들이 더 좋은 직장에 취업하기 위해 골몰하고, 기존의 주입식 교육에 익숙해질 때 이들은 그와 상반된 길을 갑니다. 이 때문에 한 학기 정학 처분까지 받게 되지만, 대학의 낡은 관습에 맞서며 자신을 변화시킨 파르한과 라주는 어디서도 쉽게 배울 수 없는 '제대로 사는 법'을 배웠다고 볼 수 있습니다. 모순을 마주하고, 그 갈등을 발전시켜 더 나은 상황으로 만드는 것. 우리 모두 이 힘을 가지고 있다고 믿고 싶습니다.


## 헤겔의 변증법과 자기 지양

이렇게 모순과 마주하여 성장하는 사람들에게는 변증법의 삶의 방식이 녹아 있습니다. 독일의 관념론 철학자 헤겔의 말입니다. 헤겔은 역사를 정(正)에서 반(反)의 등장으로, 다시 정과 반에서 나타난 합(合)의 이행으로 설명합니다. 쉽게 설명하면, 우리의 정신이 암암리에 모순을 포함하고 있지만 주체가 그것을 알아차리지 못하고 있는 상태가 정의 단계이며, 주체에게 그 모순이 드러나서 자각한 상태가 반의 단계입니다. 그리고 이 둘이 대립함으로써 양립할 수 없는 두 가지가 통합을 이루는데, 이것이 바로 합의 단계입니다.

변증법은 대립되는 것을 그것의 통일 속에서 파악하는 것 또는 부정적인 것 속에서 긍정적인 것을 파악하는 데 의미가 있습니다. 통일은 모순이 해소된 상황과 같은데요. 중요한 점은, 인간 존재자는 대립된 것들의 모순에 직면해서 그 모순을 스스로 무화시키고 자기 안에서 통일을 이룬다는 것입니다. 사물이야 스스로 변화할 수 없기 때문에 변화의 원인이 늘 외부에서 주어질 수밖에 없습니다. 이와 달리 인간 존재자는 변화의 원인을 자기 안에 갖고 있습니다. 여기서 변화란 한 사람의 일생을 놓고 보면, 학습, 성장과 같은 개념에 연결 지어 생각할 수 있지요.

변화의 원인을 자기 안에 지닌 인간은 모순의 지양, 즉 모순 속에 놓인 자기 자신을 지양함으로써 긍정적 통일을 이룰 수 있습니다. 같은 맥락에서 헤겔은 의식이 이미 가지고 있는 앎과 대상 양면에서 펼쳐 나가는 변증법적 운동이, 우리의 의식 속에 새롭고 참다운 대상이 생겨나도록 만든다고 이야기합니다. 이것이야말로 우리가 진정으로 '경험'이라 부를 수 있는 일입니다. 경험을 단순히 감각과 지각의 차원에서만 이해해서는 곤란합니다. 경험은 내 의식 속에 살아남는 것이어야 합니다. 변증법에 따라 마지막에 남게 되는 것이 바로 이러한 의미에서의 의식의 경험입니다.

인간 정신 현상의 본질은 자기규정을 가능하게 해준다는 점입니다. 즉, 각자가 수행한 정신 활동의 총체라고 볼 수 있습니다. 인간은 정신 활동을 통해서 고유한 자기 자신을 만들어 갑니다. 여기에서 변증법의 원리에 의해 자기를 변화, 발전시켜 나가는 도식이 그려지는 거지요. 이때 헤겔은 주관적 정신으로서의 정(正)과 객관적 정신으로서의 반(反)이 통합된, 정신이 가장 완성된 상태를 '절대정신'이라 부릅니다. 완전한 자기 인식에 도달한 정신이기 때문입니다.

## 사회적 존재의 책무와 자유정신

의식을 빼놓은 채 나를 생각한다는 것은 상상하기 어렵습니다. 일상에서 우리는 자기 내부에서 절대정신이 작용하고 있음을 쉽게 포착하지 못한 채 살아갑니다. 내가 발 딛고 있는 세계와 계속해서 부딪치며 살아가지만 특별한 상황이 아니고서는 자신의 정신 활동을 의식하지 못합니다. 그렇지만, 자기의 상식과 모순되는 현상이나 관습을 만나 그것을 의식함으로써 변증법을 통해 새로운 합의 단계로 나아갈 수 있습니다. 물론 새롭게 성립된 명제는 또 다른 안티테제를 만남으로써 언제든지 다시 부정당할 수 있습니다. 직선형이 아닌 나선형에 가까운 발전이라고 보면 이해가 쉽습니다.

변증법은 진리 탐구 영역뿐 아니라 역사에도 적용될 수 있습니다. 끊임없이 반복되는 테제와 안티테제의 대립 속에서 역사는 진보합니다. 헤겔이 말하는 절대정신의 핵심에는 자유가 놓여 있습니다. 정신의 유일한 목적이 바로 자유의 실현이기 때문입니다. 자유는 그 자체로서 달성해야 할 목적입니다. 실제로 인류의 역사는 자유에 대한 갈망 속에서 더 큰 자유를 획득하기 위한 과정으로 흘러왔습니다. 그런 의미에서 역사의 주인은 바로 인간의 정신입니다. 정신은 자신의 목표를 가지고 있고, 앞서 말한 자연 상태에서 벗어나 자유 쟁취의 역사를 창조해 나갑니다.

참된 자유란 내용이 아니라 형식에 의해서 좌우됩니다. 자유는 어떤 내용에도 구애받지 않고 이성적 존재인 자기 자신에게서 나오는 것입니다. 단순히 자기 마음대로 하는 게 아니라, 일종의 자기 구속입니다. 예를 들어서, 우리는 아무런 사회적 제재 없이 자신이 하고 싶은 대로 하며 사는 정신 이상자의 삶을 두고 자유롭다고 말하지는 않습니다. 자신을 제대로 통제하지 못하거나 욕구를 자제하지 못한다면 공동체에서 정상적으로 살기 어렵습니다. 자기를 통제하는 주체는 자기 자신입니다. 일관된 규칙들에 의해서 자신을 통제하는 일은 자유와 대립하지 않습니다. 이런 방식의 자기 구속은 오히려 자유 개념에 부합합니다.

자유는 정신 안에 특정한 형태로 존재하는 것이 아니라 정신이 자기의 활동을 통하여 산출해 내는 것입니다. 정

아이들은 자꾸 어려운 질문을 한다

신은 나 자신을 의식하고 이를 통해 자기를 실현하는 무한한 필연성을 자기 안에 포함하고 있다고 봐야 합니다. 우리가 직면하는 모순은 언제나 자기 내부에서 부정을 통해 통일됩니다. 우리는 자유를 위협하고 부정하는 것들과의 긴장 관계 속에서 그것을 쟁취하기 위해 노력해야 합니다. 그렇게 해서 의식적으로 자각된 자유만을 진정한 의미에서 자유라고 볼 수 있습니다. 자유로운 사람이 만나는 대상은 자기 내부에서 완성돼 자기만의 고유한 개성을 지니게 된 세계인 셈입니다.

## 예속에서 발전으로

지금 이대로의 세상을 '부정'할 수밖에 없을 때, 발생하는 변화가 바로 변증법입니다. 지금보다 진보된 세상은 가만히 참고 기다려서는 결코 도래할 수 없습니다. 한국 사회가 누리고 있는 정치적 자유를 생각해 보세요. 완전하다고 볼 수는 없지만, 시민의 정치 참여가 보장되고 있고 대표를 직접 선출할 수 있습니다. 지배층에 예속된 채로 살던 일반 민중의 자유에 대한 자각과 현실 인식에서 비롯된, 민주화 운동의 결과로 쟁취한 것입니다. 정부의 강제 진압 과정에서 유혈 사태가 벌어졌고, 목숨을 잃은 사람도 많았습니다. 조금 더 과거로 거슬러 올라가면 일제 강점기, 농민들이 탐관오리의 탐욕과 횡포를 견디지 못하고 봉기하면서 시작된 동학농민 운동도 같은 맥락에서 생각해 볼 수 있습니다. 비록 실패로 끝났지만, 동학농민운동이 갑오개혁과 3·1운동에 긍정적인 영향을 미쳤음은 역사적 사실입니다.

역사의 발전은 자유를 실현해 가는 과정으로 이해할 수 있습니다. 만약 당시의 농민들이 목숨을 부지하는 데에만 신경 쓰고 현실에 타협하며 살았다면 어땠을까요? 훨씬 더 오랫동안 자유롭지 못한 삶을 살아야 했을 겁니다. 철저하게 관리층이나 지주들에게 예속된 상태로 말이지요. 이러한 예속 상태에서 역사의 발전은 정체됩니다. 고통과 투쟁 없는 변화는 있을 수 없습니다. 그렇지 않으면 자유의 진보는 불가능하기 때문입니다. 대립과 모순을 극복하는 노력으로서의 변증법이 역사적 발전을 가져옵니다. 지금 내가 처한 상황을 부정할 수밖에 없을 때, 그것을 부정함으로써 모종의 새로운 합을 이루는 것이 변증법입니다. 이것은 우리의 열정적 몸부림을 통해서 달성 가능합니다.

우리는 누구나 자기 정신을 갖고 있습니다. 이 정신을 토대로 자기를 성찰하고 자기 한계를 극복하기 위한 노력을 해야 합니다. 자기 정신을 망각한 채 자신의 자유를 온전히 누리지 못하고 부자유에 머물러 있는 사람은 자기 발전은 물론이고 사회 발전에도 별 도움이 되지 않습니다. 흔히 '행동하는 양심' 이야기하잖아요. 부단히 현실 문제에 참여하려는 사람이야말로 정신이 깨어 있는 지성인입니다. 그리고 깨어 있는 정신만이 절대적 대립을 경험할 수 있습니다. 궁극적으로는 대립에서 벗어나 한층 더 고양된 자기 정신으로 되돌아갈 수 있지요.

아이가 모순에 빠졌을 때 지적 모험을 떠날 수 있도록 격려해 주세요. 어려서부터 자기 스스로 문제를 이겨낼 줄 알아야 자유로운 인간이 될 수 있으니 말이지요. 그리고 이렇게 자유 실현의 경험이 누적된 사람들만이 궁극적으로 공동체의 발전에 기여하는 건강한 시민이 될 수 있을 겁니다.

## 더 생각해 보기

마크 트웨인의 소설 『허클베리 핀의 모험』은 주인공 '허크'와 흑인 노예 '짐'이 미시시피강을 따라 모험하는 이야기입니다. 허크는 알코올 중독자인 아버지의 폭력에 시달리다 못해, 짐은 다른 지역으로 팔려 갈 거라는 말에 두려워 집을 나왔다는 공통점이 있습니다. 갈곳 없는 두 사람은 홍수로 떠내려온 뗏목을 타고 이곳 저곳을 여행하는데요. 표면적으로야 단순 모험담이지만, 허크와 짐이 나눈 대화의 면면을 살펴보면, 인종차별 등 당시 미국 사회가 지닌 사회적 문제와 위선에 대해 풍자하고 있음을 알 수 있습니다. 노예가 하나의 재산처럼 여겨지던 현실에도 불구하고, 허크는 당시의 윤리적 관습을 거부하고 기성세대의 위선에 저항합니다. 그중에서도 허크가, 노예도 똑같은 감정을 가진 사람이라는 사실을 깨닫고 짐을 돕기로 결심하는 장면은 자유정신의 발휘를 상징적으로 잘 보여 줍니다. 여러분은 어떤가요? 우리는 결코 잘못된 관행과 구조적 모순 뒤에 숨어 자유를 포기하는 삶을 살아서는 안 되겠습니다.

아이들은 자꾸 어려운·질문을 한다

# 3부

# 생각과 언어

# 나는 왜 사는 걸까?

## —죽지 못해 산다는 말의 참담함

### ● 질문이 시작되는 순간

할머니가 계신 요양병원에 다녀왔다. 눈길에 넘어지신 뒤 거동이 불편해지시고 치매까지 오신 터라 가족과 함께 지내기 힘들다고 판단해선데, 아빠는 할머니를 요양병원에 모신 뒤 많이 속상해하셨다. 나도 요양병원을 다녀오면 기분이 안 좋은데, 병을 적극적으로 치료한다기보다 마치 죽을 날을 기다리며 하루를 그냥 버티는 느낌이기 때문이다. 물론 누구보다도 할머니가 제일 힘드시겠지만…. 할머니를 뵙고 오는 날이면 죽음을 생각한다. 누구나 죽는다는 것을 알지만 그래도 누군가가 세상에서 없어진다는 상상을 하면 좀 무섭다. 이렇게 죽을 거라면 왜 사는 걸까?

내가 사는 이유는 뭘까?

왜 사는지 스스로 생각해 본 적이 있나요? 나는 왜 태어났고, 내가 살아가는 이유는 무엇인지 같은 것에 대해 말입니다. 내가 태어난 것은 나의 뜻이 아닌데, 태어난 이유를 묻는다는 것은 바보 같은 일일까요? "너 왜 사니?"라고 묻는다면, "먹기 위해 산다"라고 우스갯소리를 하기도 하지요. 태어났으니까 그냥 산다고 말하는 사람도 많겠지만, 설사 말은 그렇게 하더라도 '그냥' 살지는 않을 겁니다. 인간인 이상 우리는 존재의 의미를 물으며 살아가고, 이것은 인간만이 가진 특권이기도 합니다. "나는 왜 사는 기야?"라고 묻는 아이에게 "뭔 뚱딴지같은 소리야, 쓸데없는 생각할 시간에 책이라도 한 자 더 읽어"라고 답하는 어른이 되어서는 안 되는 이유이기도 하지요.

존재의 의미를 묻는 것은 살면서 우리가 흔히 하는 일은 아닙니다. 우리의 일상엔 그런 고민에 우선하는 당장 해결해야 할 문제들, 할 일들이 있으니까요. 또 골치 아픈 고민보다는 즐거운 일을 생각하는 게 좋기도 하죠. 여기서의 문제는 우리에게 진짜로 좋은 것을 찾기는 어렵고, 사회적으로 좋다고 여겨지는 것, 남들이 많이 하는 것을 무작정 따르기는 쉽다는 점입니다. 세상이 정해 놓은 척도에 자신을 맞춰 사는 것이 성공이고 잘 사는 삶이라는 인식이 일반적인 요즘이지만, 정말 그럴까요? 우리는 그런 방식으로 행복에 이를 수 있을까요? 하루하루 열심히 살다가 문득 지금 내가 제대로 사는 게 맞는지 멈칫하는 순간이 있습니다. 그리고 삶에 진지해지는 순간이 오는데, 바로 죽음을 떠올릴 때입니다. 소설이나 영화에서 죽음을 앞두고 자신이 진짜 원하던 삶을 살게 된다는 식의 이야기를 적지 않게 찾아볼 수 있는 것이 그 때문이겠지요.

영화 「버킷리스트」는 평생 가족만을 위해 살아온 자동

차 정비공과 성공만을 생각하며 일 중독에 빠져 살아온 재벌 사업가에 관한 이야기입니다. 두 주인공이 친구가 되어 죽기 전에 꼭 하고 싶은 일들을 나열하고, 실제로 경험하는 과정을 그리고 있는데요, 이 둘은 죽음을 선고받은 불치병 환자라는 공통점이 있습니다. 각자 자기 인생을 치열하게 살았지만, 살날이 얼마 남지 않았음을 알고 나서부터는 남은 시간을 정말로 의미 있게 보내기 위해 고민합니다. 꼭 하고 싶었던 일, 미루어 두었던 일을 해보고, 결국에는 그리운 가족의 품으로 돌아가 화해하고 죽음을 맞이합니다.

만약 어느 날 갑자기 시한부 선고를 받는다면 우리는 어떻게 반응할까요? 그동안 착실하게 살았던 게 억울하다며 평소에 하지 않던 행동을 해보기도 할 것이며, 돈을 아끼며 산 게 아까워 비싼 물건을 마구 사 댈지도 모르죠. 하지만 그런 기행 끝에 우리는 결국, 남은 시간을 어떻게 하면 더욱 의미 있게 보낼까 하는 고민으로 돌아올 겁니다. 그런 이유에서 죽음은 우리 스스로가 현재 삶의 의미와 가치를 묻도록 합니다. 그런데 삶의 의미를 묻는다는 것은 대체 무슨 뜻일까요?

'내 삶의 의미'는, 한편으로는 존재의 의미를 묻는 것과 같은데요. 나의 존재 의미는 어떻게 이해되어야 할까요? 우리는 태어나는 순간부터 이미 일정한 시간과 공간 안에 들어서게 됩니다. 독일의 철학자 하이데거는 이러한 인간의 성격을 '세계-내-존재'로 규정하지요. 즉, 인간은 구체적인 물질의 옷을 입고 특정 세계 속에 항상 처해 있다는 건데요, 나의 의사와 무관하게 태어나고, 특정 가정환경과 국적을 갖게 된다는 점에서 그렇습니다. 그 세계 내에서 우리는 원하든, 원치 않든 간에 무수한 존재자들과 관계를 맺고 살아갑니다(여기서 존재자란 현실에 존재하고 있는 구체적인 사물 하나하나라고 이해하면 됩니다).

존재와 존재자의 관계를 조금 쉽게 말씀드리면, 존재는 존재자를 존재자이게끔 해주는 것입니다. 여러분들이 생활에서 사용하는 도구를 하나 떠올려 보세요. 눈에 보이는 도구 자체를 존재자라고 한다면, 그 도구가 지닌 쓰임새와 유용성은 존재의 의미가 됩니다. 예를 들어 물컵은 물을 마시는 데 필요합니다. 물을 따라 마실 수 없는 컵이라면 더 이상 물컵으로서의 존재 가치를 상실한 것입니다. 컵이 깨졌다면 그동안 실행해 왔던 컵의 기능을 할 수 없지요. 물컵이라는 존재자의 존재 의미는 물을 담는 것에 있습니다.

하나의 물컵이라는 존재자의 존재 의미처럼, 우리 한 사람 한 사람은 각자 나름의 고유성을 바탕으로 존재의 의미를 지니고 있습니다. 다만, 물컵 같은 일반 사물은 애초에 인간의 필요에 의해 만들어졌기에 그 존재 의미도 인간에 의해서 만들어졌다고 볼 수 있습니다. 그런데 인간은 사물과 다릅니다. 이미 부여된 의미를 이해한 상태로 사는 게 아니라, 하이데거의 말처럼 존재의 의미를 모른 채 세상에 내던져졌으니까요. 그래서 인간은 끊임없이 자신의 존재 의미를 찾아야 합니다. 그래야 의미 있는 삶을 살 수 있습니다. 그런데도 사람들은 줄곧 존재의 의미를 망각한 채 일상을 살아갑니다. 마치 컵의 존재 의미는 간과한 채 다른 속성에서 컵의 가치를 찾는 것처럼 말이지요. 보석이 박혀 있거나, 과거에 훌륭한 위인이 썼던 물컵이라면 의미가 있는 컵이 되어 버립니다. 물컵을 예로 들었지만, 그 자리에 인간을 대입해 보면 우리가 지금 어떻게 살고 있는지, 존재 의미나 가치가 어떻게 전복되고 있는지가 더 잘 보이리라 생각합니다.

## 하이데거와 죽음의 선취

앞서 살펴본 영화 「버킷리스트」의 두 주인공이 비로소 삶의 의미, 존재의 가치로 관심을 돌리게 된 계기는 죽음이었죠. 죽음은 살아 있는 현재의 우리로 하여금 내가 가치 있게 살고 있는지를 검토하게 만듭니다. 이와 관련해 하이데거는 죽음을 통해 삶의 의미를 발견할 수 있다고 이야기한 철학자이며, 우리가 일상에서 잊고 살던 존재의 의미를 새롭게 조명한 사람입니다.

하이데거에 따르면, 사물과 달리 인간은 세계 내에서 스스로 존재의 의미를 물으며 자기 자신의 가능성을 구현해 간다는 측면에서 '현존재'라고 불립니다. 현존재가 자신의 의미를 묻는 구체적인 방법이 바로 나의 죽음에 대해서 생각해 보는 일입니다. 하이데거에게 있어서 죽음은 그때마다 현존재가 스스로 떠맡아야만 하는 존재 가능성입니다. 현존재의 죽음이란 곧 그가 더 이상 현실적으로 존재할 수 없다는 가능성이기 때문에 죽음이 불현듯 눈앞에 닥쳐왔을 때 자신의 고유한 존재 가능성에 전적으로 마음을 쓰고 몰입하게 됩니다. 즉, 자신에게 얼마 남지 않은 시간은 존재의 의미를 묻게 만듭니다. '왜 하필 나일까?' 자신에게 예고된 죽음을 인정하고 싶지 않을 것이며, 한편으로는 지금까지의 삶을 돌아보며 후회도 하겠지요. 정말 의미 있는 삶을 살았는지 반성하면서 말입니다. 남은 생을 실의에 빠진 채 울면서 보낼 수는 없으니까요. 결국 여생을 의미 있게 채우기 위한 고민을 하게 될 것이고, 자신의 일상에서 나중으로 밀려났던 일 중에 가치가 있다고 생각되는 일들로 나름의 '버킷리스트'를 작성하게 되겠죠.

물론 매일같이 자신의 죽음을 걱정하며 사는 사람이 행복할 리는 없습니다. 다만 죽음이 끊임없이 삶의 의미를 묻는 계기가 되어 준다는 사실을 명심해야 합니다. 시한부 선고를 받아야만 죽음을 생각할 수 있는 것은 아닙니다. 우리는 결코 죽음을 경험할 수 없습니다. 죽음을 경험하기 위해서는 내가 죽어야 하는데, 내가 죽은 뒤에라면 나의 죽음을 경험할 내가 존재하지 않게 되기 때문입니다. 우리는 오직 타인의 죽음을 간접적으로 경험할 뿐입니다. 하지만 우리는 타인의 죽음을 목격하면서 자신도 죽을 거라는 사실을 환기합니다. 그리고 더 의미 있는 삶을 살아야겠다고 다짐합니다. 그 과정에서 여태까지 남들의 기준을 좇던 삶이 부질없다는 깨달음도 만나겠지요. 다른 사람이 아닌 바로 나의 삶을 살아야 한다는 깨달음이요.

## 가능성을 실현하는 사람

인간은 자신의 존재와 세계를 기획하고 결단하는 실존성을 지니고 있습니다. 우리는 삶의 매 순간 선택과 결단을 합니다. 이때 인간은 자신의 존재를 문제 삼을 수 있는 존재이기에 현존재라고 말할 수 있는 것입니다. 현존재는 세계 속에 내던져진 존재로서 실존하면서도 스스로의 모든 가능성 뒤에 부단히 서 있습니다.

인간은 현재 자기 삶을 문제 삼으며 보다 나은 미래를 모색합니다. 그래서 현존재는 자기 삶을 만들어 가는 가능성의 존재입니다. 인간은 자기의 가능성을 실현하는 방식으로 존재해야 함에도 불구하고, 곧잘 일상에 함몰되어 존재를 망각하고 그 가능성으로부터 도피하려는 경향이 있습니다. 물론 우리는 원해서 태어난 게 아니고, 나의 의지와 상관없이 각자가 서 있는 '지금 여기'라는 세계 속에 들어와 있지만, 세계 안에 내던져진 존재라고 해도 삶에 책임을 질 필요는 있습니다. 산다는 것은 결국 자기 삶의 주인이 되어 가는 과정에 참여하는 일이니까요. 자신의 고유한 존재성을 고정 불변의 것이 아니라 하나의 가능성으로 여기며 끊임없이 자기 존재를 구현하려고 노력할 때, 우리는 '자기 삶의 주인'에 한 걸음씩 더 가까워지지 않을까요?

아이들은 자꾸 어려운 질문을 한다

**더 생각해 보기**

하이데거는 자신의 주저 『존재와 시간』에서 죽음을 분석하며 톨스토이의 소설 『이반 일리치의 죽음』을 소개하고 있습니다. 이 소설은 러시아에서 성공한 판사로 살던 이반 일리치가 불치병에 걸려 죽음을 앞두고 자신이 그동안 잘못 살아왔음을 깨닫는 내용입니다. 오랜 세월 남들이 정해 놓은 가치 척도에 따라 맹목적인 삶을 살았던 이반 일리치를 스스로 반성하게 만든 계기는 그 자신의 죽음이었습니다. 이반 일리치가 하이데거의 말을 듣고, 자신의 죽음에 대해서 조금 더 일찍 고민하며 살았다면 어땠을까요? 그래도 여전히 사회가 정의한 성공에 자신을 맡긴 채 살았을까요? 남들과의 비교 의식, 허위 따위는 죽음 앞에서 속절없이 무너지기 마련입니다. 여러분에게 앞으로 살날이 100일밖에 남지 않았다고 생각해 보세요. 과연 무엇을 내려놓을 것이며, 뒤로 미뤘던 일 중에서 무엇을 실천할 것인가요?

# 시간은 흘러가는 걸까
# 채워 가는 걸까

## ―진정한 의미에서 시간의 실현

### 질문이 시작되는 순간

나는 침을 삼킬 때마다 목이 따끔거려서 힘들곤 했다. 편도선에 문제가 있어 자주 부어서 그렇다고 한다. 수술이 필요하다는 의사 선생님의 말에 방학을 맞이하여 수술대에 올랐다. 드라마 속에서만 보던 수술실이다. 잔뜩 긴장한 내 얼굴을 보시고 의사 선생님은 나를 안심시켰다. 아픈 수술도 아니고 편히 한숨 자고 나면 다 끝나 있을 거라고. 거짓말이라 생각했다. 잠시 무슨 생각을 했던 거 같은데… 엄마 얼굴이 보였다. 뭐지? 수술이 잘 됐다고 하신다. 엄마는 내가 1시간 가까이 수술을 받았다고 했다. 정말 이상했다. 눈만 감았다 뜬 것 같은데, 1시간이 흘렀다고? 시계가 없었다면 아마도 나는 시간의 변화를 전혀 느끼지 못했겠지? 문득, 우리가 멈춰 있는 삶을 살고 있다는 생각이 든다. 시간이란 뭘까?

시간의 부재

다른 사람들이 시간을 보내는 동안 마취 상태에 놓인 사람, 그에게는 마치 시간의 공백이 발생하는 듯합니다. 전신 마취의 경험이 없는 사람이라면 평소에 잠을 자다가 깨는 상황을 떠올려 보면 쉽게 알 수 있습니다. 피곤한 상태로 잠들었다가 깨었을 때, 체감한 것보다 더 많은 시간이 흘러서 놀랐던 적이 있을 겁니다. 사실 잠들어 있는 동안에도 우리의 몸은 분명 살아 있습니다. 직접 의식하지는 못할지라도 심장 박동이 있고, 맥박도 뜁니다. 그런데 의식은 어떨까요? 수면 상태는 내가 나를 의식하지 못하는 상태, 즉 의식이 잠들어 있는 시간입니다.

마취에서 깨어난 후 마치 시간이 흐른 거 같지 않다고 느끼는 경험은 우리가 일반적으로 이해하고 있는 시간 관념을 다른 차원에서 생각해 볼 수 있게 합니다. 먼저, 우리가 시간에 대해 사유할 수 있는 까닭은 우리에게 의식이 있기 때문입니다. 우리의 의식이 휴면 상태에 있는 경우 시간을 체감하기란 불가능합니다. 다시 말해서 잠자고 있는 동안에는 시간을 의식할 수 없습니다. 그럼에도 불구하고 우리는 잠에서 깨고 나면, 너무도 자연스럽게 우리가 자고 있는 동안에도 일정한 속도로 시간이 계속 흘렀다고 추측합니다.

오늘날 절대 다수의 사람들을 지배하는 시간 개념은 '흐르는 시간'입니다. 인간은 시간을 나의 존재나 생명 활동과 무관하게 언제나 흘러가는 것으로 규정하였습니다. 근대 문명은 시간을 하나의 흐름으로 정립하고, 지구 자전 주기에 따라 하루를 총 24시간으로 쪼갰습니다. 양으로서의 시간을 분, 초 단위로 분절시킨 거죠. 이렇게 잘게 쪼개진 짧은 시간이 무한히 규칙적으로 반복된다는 생각은 현대인들에게도 별 거부감 없이 다가옵니다.

오전 9시에 수술실에 들어간 환자가 수술을 받고 나서 의식이 깨어났을 때가 오전 11시라면, 본인이 아무리 시간이 1분 정도밖에 흐르지 않은 듯 느낀다 해도 병실의 벽시계를 믿습니다. 자신의 느낌을 오류로 여기고 시간에 대한 자신의 인식을 수정해 2시간이 흘렀다고 받아들입니다. 내가 느낀 지각을 받아들이고 천편일률적으로 흐르는 시간 개념을 버리는 경우를 생각해 봅시다. 시간이 통째로 사라진다고 봐야 하나요? 아닙니다. 애초에 시간이 부재한 상황이라고 생각해 볼 수 있습니다.

물론, '흘러가는 시간' 개념과 시계의 발명은 인간 삶에 편리함을 가져다주었습니다. 실제로 다른 사람과 특정 장소에서의 만남을 약속하는 게 가능한 이유도 서로 시간에 대한 공통된 이해가 깔려 있기 때문입니다. 사람들은 지금도 시간이 흐르고 있고, 자신이 죽은 뒤에도 시간이 늘 변함없이 같은 속도로, 영원히 흘러갈 거라고 짐작합니다. 그런 짐작 속에서 우리는 삶을 영위합니다. 그러나 과학적으로, 어디서나 시간이 똑같이 흘러가는 것은 아닙니다. 이미 한 세기 전, 아인슈타인은 질량의 차에 따라 시간의 속도에도 차이가 있다는 사실을 증명해 보였지 않습니까?

## 시간과 의식의 관계

시간은 우리의 의식이 깨어 있을 때 인식이 가능합니다. 의식이 잠을 자고 있을 때 우리의 물리적이면서 의식적인 모든 활동은 중단됩니다. 반대로 생각하면, 우리가 의식을 멈출 수 있기 때문에 깨어 있음도 확인할 수 있다는 말이 됩니다. 한순간도 의식이 멈추는 일이 없다면 의식을 의식하기란 불가능합니다. 즉, 잠을 자고 있다는 것은 깨어 있음을 전제로 말해질 수 있으며, 깨어 있음은 깨어남을 본질로 하지 않고서는 발생할 수 없습니다.

타자 윤리를 대변하는 철학자 레비나스는 '의식이 깬다'는 것의 의미를 아직 의식이 출현하지 않은 몸에 의식이 자리 잡는 것으로 이해합니다. 마치 의식이 신체라는 옷을 입는 것과 같습니다. 의식이 존재한다는 사실이 인간의 주체성을 구성하는데요. 의식이 깨기 전까지 우리의 몸은 그저 막연히 있게 됩니다. 나 자신이 없다고 말하기도 어렵지만, 그렇다고 이것 혹은 저것이라고 규정할 수 있는 어떤 사물이 존재한다고 말할 수도 없는 상태입니다. 레비나스는 이렇게 불가피하게 현전하는 보편적 자기 부재 상태를 '그저 있음'(il y a)이라고 부릅니다. 여기에는 생각하는 나도 없고 생각되는 대상도 없습니다. '그저 있음'에서 떨어져 나와 의식을 가짐으로써 나는 '지금, 여기'에서 출발할 수 있습니다. 마취나 잠에서 깨어나는 일은 의식이 나의 몸 안에 들어서는 것으로 볼 수 있습니다.

　인간에게 의식이 자리 잡고 나면, 구체적인 개별 주체로서 자의식을 통해 대상들을 객체로 파악하기 시작하고 기억을 떠올리기도 합니다. 실제로 우리는 매일 아침, 잠에서 깨는 순간에 의식하는 나를 확인합니다. 그런데 단순히 잠에서 깰 때 시간이 흐른다고 생각한다면 자고 있는 밤의 시간은 존재하지 않고, 깨어 있는 낮의 시간만 존재한다고 착각하기 쉽습니다. 이와 관련해 레비나스는 인간의 의식이 깨어 있다고 해서 곧장 시간이 열리는 것으로 오해해서는 안 된다고 주장합니다. 눈을 뜨고 있고 깨어 있는 상태라 해도, 주체가 자신을 의식하지 못한 채 막연하게 깨어 있는 상태라면, 잠을 자는 것과 다를 바 없기 때문입니다. 마치 좀비처럼 말입니다. 살아도 제대로 살아 있다고 보기 어려운 존재자에게는 시간도 마치 멈춰 있는 것과 같습니다.


## 자기동일성과 고독

주체는 늘 자기 자신과 관계를 맺으며 살아갑니다. 이를 자기동일성이라고도 부르는데요. 주체는 먹고, 자고, 놀고, 사람을 만나는 등의 온갖 과정에서 여지없이 자기 자신으로 돌아옴으로써 자기와 동일한 존재로서의 자신을 확인하게 됩니다. 이러한 과정을 통해서 우리는 자기동일성을 유지합니다. 그런데 문제는 자기 안으로 복귀한 후 다시 밖으로 나가지 못했을 때입니다. 자기 스스로 자기 안에 갇히는 꼴이지요. 좀비가 그렇습니다. 좀비에게 자기 앞의 인간은 그 누구든 먹잇감 그 이상도 이하도 아닙니다. 그런데 인간을 먹어 치워 흡수해 버리는 좀비는 자기동일성에 갇혀 외로울 수밖에 없습니다. 왜냐하면 자기 외에는 모든 게 흡수해야 할 대상에 지나지 않거든요. 좀비처럼 주변의 인간을 흡수하는 방식으로 인생을 살아가는 사람에게 시간은 멈춘 것이나 다름없습니다.

한때 좀비를 주인공으로 한 영화와 드라마가 쏟아져 나온 적이 있죠. 그중 해외에서도 큰 인기를 끌었던 영화 「부산행」은, 서울에서 부산으로 가는 기차 안에서 좀비와 인간의 사투를 그리고 있습니다. 대부분의 좀비물과 마찬가지로 이 영화의 좀비들도 인간종을 흡수의 대상으로만 여깁니다. 닥치는 대로 물어뜯어 인간을 자기처럼 좀비화해 버리죠. 비유하자면, 자기동일성으로 흡수시키는 모습과 같습니다. 이에 반해 인간은 자기 외에도 함께 타고 있는 타인을 신경 쓰면서 휴머니즘을 끊임없이 발휘합니다. 사투를 벌이다 감염된 인물이 사랑하는 사람을 지키기 위해서 열차 밖으로 뛰어내리는 장면은 특히 눈물겹습니다. 타자를 먹어 치우는 좀비와 타자를 먹어 치우게 될까 경계하며 자신을 포기하는 인간의 모습은 너무도 상반됩니다.

모든 타자를 단지 자신을 위해서 흡수해야 할 대상 정

도로 여기는 사람은 외로울 수밖에 없습니다. 이렇게 주체가 자신 외의 존재자들을 한낱 대상으로 여김으로써 혼자만 남게 되는 상황을 레비나스는 '고독'이라고 부릅니다. '고독' 하면 보통은 주변에 친구가 아무도 없고, 마치 세상에 홀로 남아 있는 것처럼 외롭고 쓸쓸한 경우를 생각합니다. 그러나 주변에 사람들이 있어도 고독에 빠진 이들이 있습니다. 자기 감옥 안에 갇힌 사람들 말입니다.

고독으로부터 탈출하기 위해서는 밖에서 문을 열어 줄 사람이 필요한데, 우리는 스스로 자기 몸에 매여서 자꾸만 타자를 흡수하려고만 합니다. 연못에 비친 자기 모습에 반하여 물속으로 뛰어든 나르키소스 같다고 할까요? 이 상태는 주체가 자기 안에 동일하게 계속 머물러 있는 상태로 정지된 시간을 사는 것과 같습니다. 마취에서 풀리지 않은, 즉 마비된 삶과 다를 게 없어요. 항상 그대로 있는 나만 존재하니까요.


## 시간을 열어 주는 타자

텅 빈 방에 혼자 있는 상황을 떠올려 보세요. 밤과 낮의 변화를 느낄 수 없는 캄캄한 방 안에는 시계도 없습니다. 여기에서 며칠 동안 머문다면 어떨까요? 누구나 동일하게, 시간의 절대적인 변화를 느끼는 게 가능할까요? 시계의 초침이 '똑딱똑딱' 소리를 내며 이동할 때 우리는 시간이 흘러가고 있다고 이야기합니다. 이때의 우리는 흘러가는 시간 속에 살고 있는 걸까요? 그렇지 않습니다. 이 세계에서 우리가 파악할 수 있는 것은 시간이 아니라, 오직 내가 겪는 사건들과 숱한 관계들입니다. 오히려 사건의 경험 전과 후가 있다고 보는 것이 시간에 대한 규정에 있어서 좀 더 사실적인 표현일 겁니다. 우리가 실제 삶에서 물리적으로 어떤 일을 경험하고 나면, 전후 관계는 명확하게 구분되니까요.

우리가 사건을 경험한다는 것은 무슨 의미일까요? 텅 빈 방에서 내가 홀로 음식을 먹고 있다면 그것은 사건이라고 보기 어렵습니다. 레비나스에 따르면, 사건이란 타인과의 만남입니다. 나와 다른 타자를 만날 때 우리는 만남 이전과 이후를 경험할 수 있습니다. 그래서 레비나스는 고독의 상태에서는 참다운 의미의 새로운 시간이 열릴 수 없다고 말합니다. 고독한 사람에게는 오로지 현재라는 순간만 있을 뿐입니다.

절대적 타자와의 만남은 하나의 사건입니다. 즉, 사람 사이의 만남을 통해서 우리 각자의 정지된 현재에 구멍이 생깁니다. 결론적으로 사람 사이의 관계야말로 시간이 열릴 수 있는 조건인 셈입니다. 레비나스의 말을 빌리면, 주체는 타자와의 사귐을 통해서 비로소 동일성에 갇혀 있던 자기 감옥에서 탈출할 수 있는 것입니다. 타자를 만남으로써 멈춰만 있었던 자기 시간에 균열이 생기고, 늘 같은 지점으로 되돌아오는 것을 방해받게 됩니다. 이것은 새롭게 시작할 자유가 개시되는 순간이기도 합니다.

그래서 한편으로, 시간이란 미래와 관련됩니다. 미래는 우리에게 아직 오지 않은 시간이며, 알 수 없는 시간입니다. 즉, 현재의 내가 도저히 손에 넣을 수 없는 시간이라는 거죠. 우리가 훗날을 기대하면서 나중에 할 일을 계획하고 꿈을 꾸는 일은 진정한 의미에서 미래가 아닙니다. 미래는 주체가 함부로 포섭할 수 없는 절대적 타자와의 만남을 통해서 열릴 수 있습니다. 우리에게 미래와의 관계, 즉 현재 속에서 미래를 만날 수 있는 여지가 발생하는 이유는 타자가 있기 때문입니다. 타자는 미래처럼 도무지 알 수 없는 존재자입니다. 여기서 말하는 타자는 좀비가 만나는 인간과는 전적으로 다릅니다. 타자는 언제나 주체의 절대적 바깥에 존재합니다. 영원히 나의 바깥에 머물기 때문에 결코 나에게로 흡수시킬 수 없습니다.

우리는 누구나 사귐 속에서 새로운 시간을 살아갈 수 있습니다. 타자의 얼굴은 항상 내게 말을 건네고 있고, 타인은 무엇인가를 요청하는 자의 위치에 있습니다. 그런 타인에 대해서 주체는 늘 호명되는 수동적 존재이지만, 그의 부름에 응답함으로써 새로운 주체로 탄생합니다. 이전과는 다른 시간을 사는 것입니다. 그런 면에서 타인의 얼굴의 현현은 주체에게 새로운 시간을 선물한다고 볼 수 있죠. 진정한 의미에서 시간의 실현이라고 할 수 있습니다.

**더 생각해 보기**

시간은 철학에서 매우 어려운 개념입니다. '흘러가는' 시간 개념에 이미 익숙해져 있는 우리가 다른 차원의 시간을 생각하기란 쉽지 않은 일이지요. 레비나스가 타자와의 만남에서 시간을 설명한다는 점이 너무 낯설고 비과학적으로 느껴지는 측면도 있을 텐데요. 세계적인 물리학자 카를로 로벨리는 『시간은 흐르지 않는다』라는 책에서 장소에 따른 시간의 차이를 과학적으로 설명하면서, 기초 물리학에서 시간이란 세상에 존재하지 않는다는 주장을 펍니다. 그러면서 오직 사건들과 관계들만이 존재한다고 말합니다. 이는 레비나스의 입장과도 유사한데요. 철학자의 눈뿐만 아니라 과학자의 눈으로 시간을 탐구하고 싶다면 카를로 로벨리의 책을 기꺼이 추천합니다.

아이들은 자꾸 어려운 질문을 한다

# 우리가 아는 그 여자는 없다

● **질문이 시작되는 순간**

생각할수록 기분이 나쁘다. 지금도 이해가 가지 않는다. 씩씩거리는 나에게 친구들이 다가와 이유를 물었다. 오늘 아침, 같은 아파트에 사는 평소 친하지도 않은 한 아주머니가 내 옷차림을 보고 지적했다. 여자아이가 옷을 좀 예쁘게 입지, 볼 때마다 운동복 차림이라고 말이다. 너무 어이가 없었다. 아니 도대체 아주머니가 무슨 상관이람? 우리 엄마도 아무 말 안 하는데. 화가 나서 대들고 싶었지만 참았다. 그런데 아주머니는 내 기분도 모르고 여자아이는 여성스럽게, 예쁘고 단정하게 입어야 한다면서 한마디 더 하고 갔다. 난 그 말이 정말 이상하다고 생각한다. 여성스러움? 그런 건 도대체 누가 정한 거란 말인가. 그리고 예쁜 옷을 입으면 진짜 여성스러운 건가? 어처구니가 없다. 난 그냥 여자인 사람이다. 왜 사람들이 이러쿵저러쿵 나를 평가한단 말인가. 난 그냥 지금처럼 편한 게 제일 좋다. 여자는 전부 똑같이 치마 입고 화장하고 그래야만 하나?

## 이성 중심 형이상학의 해체

가부장제 사회에서는 오랜 시간 남성들이 사회의 중심으로 자리 잡아 왔습니다. 최근 남녀평등을 외치며 전 세계적으로 새로운 법과 규칙들이 만들어지고 있지만, 기존의 문화와 습관들은 쉽게 달라지지 않지요. 앞서 등장한 아주머니도 남성과 여성을 구분 짓는 문화 속에서 살아온 탓에 자연스럽게 그런 생각에 익숙해진 것입니다. 이렇듯 일정한 기준으로 집단을 구분 짓는 모습은 비단 남녀에만 해당하는 것은 아닙니다. 서구 사회의 오랜 전통 속에서 이분법적인 사고를 종종 찾아볼 수 있습니다.

　이러한 기준은 어떻게 만들어질까요? 적어도 사람들은 그 기준이 보편적이고 절대적인 성향을 지니고 있다고 믿습니다. 그래서 기준을 따라 좋은 것과 나쁜 것으로 나누게 되지요. 서양의 역사에서 이성, 동일성, 남자 등이 감정, 차이, 여자보다 훨씬 좋은 것으로 인정되었듯이요. 가치를 분류하는 기준이 지닌 절대성의 근원에는 '로고스'가 자리하고 있습니다. 서양 형이상학에서 로고스는 모든 것의 으뜸 원인이자 궁극적인 믿음을 나타냅니다. 이와 같은 로고스 중심주의는 정해진 기준에 따라 비이성적인 것들을 배제하고 억압하는 이론적 근거로 지금까지 활용되었습니다.

　로고스 중심주의는 동일자를 중시하며 절대적 기준을 벗어나는 차이를 인정하지 않습니다. 그러나 이는 자칫 타자에 대한 폭력이나 전체주의로 변질될 우려가 있습니다. 그래서 프랑스의 철학자 데리다는 기존 이성 중심주의의 형이상학을 해체하고 철학 체계를 새롭게 다시 쌓아 올리고자 했습니다. 그는 사회에서 오랜 시간 동안 작동해 온 이성의 틀을 벗어던지고 그 권위를 해체함으로써, 모든 존재가 동등한 가치를 지니는 사회가 만들어진다고 생각했습니다. 그리고 그 방법으로서 '차연'에 주목하고 있습니다.


## 나의 기준이 틀릴 수 있다는 생각

데리다는 전통 철학이 중시하는 존재자의 동일성을 부정한다는 점에서 '차이'를 강조합니다. 아무리 같은 사람이라 할지라도 어제의 나와 오늘의 내가 똑같은가요? 엄밀히 말하면 모든 존재자는 자기 자신인 동시에 자기 자신이 아닙니다. 즉 모든 것들은 모습을 갖추자마자 다시 그것과는 다른 어떤 것으로 이행하게 됩니다.

우리 사회에서 교육은 상당히 중요한 의미를 지니고 있습니다. 한국의 교육열은 세계에서도 유명하지요. 그러다 보니 '선생님'에 대한 관심 또한 매우 높습니다. 그 관심은 자연스레 교사에 대한 사람들의 기대로 이어집니다. 사람들이 원하는 교사의 어떠한 모습이 존재하지요. 그런데 그들이 바라는 이상적인 교사상이란 과연 무엇일까요? 데리다의 관점에서 본다면 그런 교사상은 존재하지 않습니다.

먼저 좋은 선생님과 나쁜 선생님을 나누는 기준은 무엇인가요? 지금 각자 떠오르는 생각들이 있을 겁니다. 그런 기준들은 여러분이 살아가는 시대와 사회의 문화에 따라 결정됩니다. 그런데 이 기준들이 계속 유효할까요? 생각해 보세요. 예전에는 회초리를 들어서라도 학생을 좋은 학교에 많이 보내는 교사가 유능하고 좋은 교사였습니다. 하지만 지금은 다르지요. 좋은 교사란 애정을 가지고 학생들을 대하는 교사일 수도 있고, 코미디언 못지않은 유머 감각으로 학생들을 즐겁게 해주는 교사일 수도 있습니다. 좋은 교사와 그렇지 않은 교사를 구별하는 기준은 완전히 결정난 것이 아니지요.

이처럼 시간 속에서 발생하는 차이는 고정되어 있지 않고, 끊임없이 변화하고 생성됩니다. 그리고 그에 따라 의미도 지속적으로 달라집니다. 그런데 옷을 지적한 아주머니는 자신의 기준에 따라 성별의 차이에 부합하는 이상적 모습을 상정한 채 변화를 받아들이지 않고 있습니다. 오랫동안 쌓아 온 자신만의 기준을 그대로 적용하고 있는 것이죠.

차이의 문제는 사회에서 발생하는 갈등과도 관련됩니다. 보통 갈등은 서로의 차이를 이해하지 못하고 자기주장을 절대시하는 데서 옵니다. 그런데 만약 서로의 갈등을 불러온 차이가 개인이나 사회의 이해에 따라 빚어지는 가변적인 기제라는 점을 받아들인다면, 갈등은 생각보다 쉽게 해결될 수 있습니다. 이러한 사실을 간과한 채 여전히 우리가 어떠한 절대적 차이에서 비롯된 기준을 따르고 있다는 믿음은 배제의 논리로 변합니다. 배제의 논리에서는 자연스럽게 존재를 위계질서로만 바라보게 되지요. 최근 한국 사회에서는 갑, 을이라는 개념이 종종 등장합니다. 권력이나 재력 등을 바탕으로 새롭게 형성된 일종의 현대판 신분제도이지요. 갑은 을과 자신의 관계를 절대 변하지 않는 것으로 착각합니다. 그래서 자신보다 아래에 있다고 믿는 을을 마음대로 해도 된다고 생각하는 것이죠. 현 위계질서의 영원함을 믿고 있으니까요. 이처럼 고정불변의 질서 속에서 발생하는 분리와 배제는 결국 폭력으로 연결됩니다.


## 이원 구조의 폭력

데리다는 그의 저서에서 폭력의 세 단계를 말합니다. 첫 단계는 언어체계의 폭력, 다음 단계는 도덕과 법체계 안에서의 폭력, 마지막은 직접적이고 물리적인 폭력입니다. 여기에서는 첫 단계인 언어체계가 포함하는 폭력에 대해 말하고자 합니다. 먼저 각종 욕설이나 비방을 떠올릴 수 있습니다. 그리고 오랫동안 문제가 되어 온 인터넷 악성 댓글들 또한 여기에 포함됩니다.

그런데 이런 경우만이 아니더라도, 언어체계 자체가 우리가 현실을 이해하는 것을 방해할 수도 있습니다. 언어의 기본적인 기능 중 하나는 바로 '분리'입니다. 예를 들어 '좋다'와 '나쁘다'는 서로 다른 단어이지요. 이 둘을 분리하는 과정은 언어의 작용을 위해 필수적입니다. 만약 분리되지 않는다면 이 둘 사이 기표의 차이는 의미가 없겠지요. 그렇다면 언어의 사용이라는 개념 자체가 성립되지 않습니다.

우리가 언어를 사용하는 것은 일차적으로 현실에서 언어를 표현하기 위함입니다. 그런데 이를 잊은 채 언어를 본질화하고 더 나아가 언어에 위계적 가치를 부여하는 것은 문제가 됩니다.

남자와 여자가 바로 그 대표적인 사례입니다. 남자와 여자는 생물학적인 차이를 기반으로 서로 다른 사전적 의미를 지니고 있는 다른 단어입니다. 그러나 사회 속에서 이 두 단어는 사전에 적혀 있는 의미 그대로만 해석되지 않습니다. 우리는 각각의 단어에 해당하는 존재자를 떠올리고, 그들이 가지고 있어야만 한다고 생각하는 속성과 일종의 가치관을 동반시키게 됩니다.

'여자'라는 표현으로 지칭되는 아이에게 아주머니가 전한 말들은 언어를 수단으로 한 사회적 폭력입니다. 아주머니의 세계관에서 '여자'라는 존재는 단정하고, 모성적이며, 순종적이어야 합니다. 하지만 한 존재자가 여성으로 태어났다는 이유만으로 일정한 성향을 갖추어야 한다고 강요하는 것은 어불성설입니다. 개인은 위에서 나열된 언어적 표현보다 훨씬 복잡하고 다중적인 깊이를 지닌 존재이기 때문이죠.

언어체계의 폭력은 비단 '여자'에게만 적용되는 것은 아닙니다. '남자'라는 언어 표현에 내재된 속성 역시 많은 남성에게 폭력을 가합니다. 문화에 따라서 조금씩 다르기는 하지만, 특정 사회가 요구하는 '남자다움'이라는 성향에 부합하지 못할 때는 남성 역시 비난을 받게 됩니다. 이처럼 여성과 남성의 존재 깊이를 거부하는 사고방식의 언어체계 또한 이원론적 논리에 의한 것입니다. 이는 분리에서 비롯된 사회 구조의 폭력성을 보다 근본적으로 보여 줍니다. 현재 한국 사회의 새로운 사회문제로 대두되는 젠더 갈등 역시 같은 맥락에서 이해할 수 있습니다.

남자와 여자뿐만 아니라, 이 사회에는 의심할 여지조차 없이 당연하게 여겨지는 질서들이 존재합니다. 이 질서에 어긋나는 대상을 철저히 배제하는 이항 대립의 구조는 우리를 상극의 논리에 빠트리곤 합니다. 이러한 논리의 구조가 만연해질 때 나도 모르는 사이에 또 다른 폭력을 양산할 우려가 있습니다. 이제는 우리 삶에 깊게 뿌리박힌 이성 중심의 서양적 사고방식을 반성하는 것이 필요합니다.

지금 내가 생각하고 있는 것, 그리고 너무 확실하다고 믿는 사실이나 개념들이 진실이 아닐 수도 있다고 의심해 보는 건 어떨까요? 분명한 차이에 근거해 내린 그 판단이 실은 다른 가능성을 원천적으로 봉쇄하고 있을 수도 있으니까요. 데리다의 말처럼 완전히 결정된 차이는 존재하지 않습니다. 그 다름은 불변하는 게 아니라 시간 속에서 계속 진행되고 있을 뿐입니다. 일상에서 남들과의 다름을 경험할 때 데리다의 논리를 한번쯤 떠올릴 수 있다면, 사고와 관계에 새로운 확장을 가져올 수 있을 것입니다.

## 더 생각해 보기

우리가 알고 있는 많은 전래 동화 속에는 남성과 여성의 역할이 분명히 나뉘어 있습니다. 역할의 차이는 인물의 성향과 지위에도 영향을 미치게 됩니다. 예를 들어 「콩쥐팥쥐」에서 콩쥐는 소, 두꺼비 등에게 도움을 받아야만 하는 연약한 존재로 등장합니다. 그리고 팥쥐와 팥쥐 엄마는 가사 노동을 전형적인 여성의 일이라 여기며 콩쥐에게 집안일을 시키는 악독한 이미지로 그려집니다. 반면에 콩쥐를 도운 원님은 좋은 가문과 영민한 두뇌로 높은 지위를 얻고 결국에는 콩쥐를 아내로 선택하게 되지요. 이처럼 동화 속 남성은 주도적이고 적극적이지만 여성은 순종적이고 소극적인 모습을 보입니다. 성차별적 의식이 내포된 것이지요. 오늘은 전래 동화를 남성과 여성 모두가 평등한 이야기로 조금 바꾸어 들려주는 건 어떨까요?

# 그렇다고 잘못이 아닌 건 아니야

● **질문이 시작되는 순간**

뉴스를 보는 게 괴롭다. 러시아가 우크라이나를 침공했고 아무 죄 없는 시민들이 죽거나 크게 다친다. 건물이며 도시 전체가 파괴되는 걸 보면서 저게 영화가 아닌 현실이라고 믿기 어렵다. 내가 그 속에 있지 않아 다행이라는 생각이 들면서, 한편으로 내가 만약 러시아 군인이었다면 어땠을까 상상하면 끔찍하다. 나도 옳지 않다는 것을 알면서도 명령에 복종하기 위해 무고한 사람들에게 총을 쐈을까? 그렇지만 명령에 불복하면 어떻게 될까? 어떤 경우를 생각해도 다 잘못인 것만 같다.

## 이웃에게 친절했던 아이히만

우리는 일상에서 만나는 사람들에 대해 별 다른 생각을 하지 않다가도 누군가가 어떤 나쁜 행동을 하면 그제서야 놀라 수군거리게 됩니다. "저렇게 나쁜 사람인 줄 몰랐네" 하고 말이죠. 그런데 나쁜 행동을 한다고 그 사람이 꼭 나쁜 사람인 것일까요? 누군가를 선하다거나 악하다고 판단하는 일이 그 사람의 행동으로만 결정될 수 있는 것일까요?

　홀로코스트의 주범인 아이히만이 아르헨티나에서 체포된 후 이스라엘의 예루살렘에서 재판을 받은 이야기는 이미 유명합니다. 유대인 출신 철학자인 한나 아렌트도 그 재판을 직접 방청하고 『예루살렘의 아이히만』이라는 책을 쓰기까지 했죠. 재판 과정에서 아이히만은 상관이 시킨 대로만 했을 뿐이라며 자신의 잘못을 전혀 인정하지 않았습니다. 특히 유대인에 대한 살인죄는 전면적으로 부정했는데요, 이처럼 결백을 주장하는 아이히만의 태도는 당당했고, 검사 결과, 그의 정신 또한 지극히 정상으로 판명되었습니다. 재판장에서 이를 지켜본 사람들은 혼란에 빠질 수밖에 없었죠. 명백한 악행을 저질렀으나 동시에 너무나 무고해 보이는 아이히만을 우리는 과연 어떻게 이해해야 할까요?

실제로 아이히만을 아는 사람들은 한결같이 그를 친절하고 선량한 사람이라 평가했다고 하죠. 그런 악행과는 거리가 먼 사람이라고요. 그렇게 선한 사람 아이히만은 어떻게 악행을 저지를 수 있었던 걸까요? 이웃에게 친절한 아이히만이 나치의 전범이었다는 것은 악의 근원이 개인의 속성에만 달려 있지 않다는 사실을 말해 줍니다. 특정 사회의 문화나 정서 등의 영향 또한 무시할 수 없는 중요한 원인이지요. 여전히 세계의 많은 독재 국가에서는 사회가 지향하고 있는 목표나 그에 따른 명령이 개인의 양심이나 도덕적인 가치관보다 우선시됩니다. 지금 전쟁에 나가 있는 러시아 군인들도 마찬가지입니다. 조국에 대한 맹목적인 충성의 강요가 개인이 성찰할 기회를 원천적으로 봉쇄하고 있는 상황이겠죠. 이렇게 사회가 개인에게 특정 신념 등을 강요하는 과정에서 사람들은 하나의 독립적 존재로서 사유할 수 있는 능력을 상실하고, 단순히 사회의 물리적 구성원으로서 종속됩니다.

우리는 이러한 문제가 전체주의 사회나 국가의 일이라고 쉽게 생각하는데요, 강하고 수직적인 권력 구조의 공동체라면 얼마든지 일어날 수 있습니다. 예를 들어 군대만 하더라도 상명하복이 중요한 까닭에 강력한 규범을 토대로 명령을 따릅니다. 개인의 사고와 판단은 제한될 수밖에 없고 그 과정에서 악은 그 집단의 구성원들 사이에 자연스레 출현하게 됩니다. 악이라는 것은 우리가 상상하기 어려운 멀리 떨어진 곳에서 발생하는 것이 아니라 우리 안에 있으며, 일상에서도 얼마든지 찾아볼 수 있다는 말일 겁니다.

## 한나 아렌트, 악의 평범성과 무사유를 경고하다

집단 내에서 악은 당연하게 여겨지고 평범하게 자행될 수 있다는 것, 그 안에 속한 사람들은 아예 그것이 악이라는 생각조차 하지 못한다는 것. 아렌트는 이를 가리켜 '악의 평범성'이라 부릅니다. 평범한 사람들이 비판적 사고 대신 명령에 복종하고 기계적으로 순종하며 악을 행하는 모습이지요. 아이히만은 우리가 영화에서 보는 평면적인 악당과는 조금 다릅니다. 영화에 등장하는 악인은 오로지 자신의 안위만을 생각하며 자기 뜻을 거스르는 사람은 다 제거해 버리는 피도 눈물도 없는 인물들이 대부분입니다. 누가 봐도 나쁜 사람으로 그려지죠. 이에 비해 아이히만은 평범한 가장이고 아버지이면서 단지 개인적인 발전을 도모하기 위해 남들보다 좀 더 근면하게 생활했다는 점 외에는 악행에 대한 어떠한 동기도 갖고 있지 않았습니다. 이렇게 규칙을 잘 따르고 성실한 개인이 강한 규율과 관습이 존재하는 집단에 속하게 되었을 때, 그에게 사유와 판단이 제거되었을 때 벌어질 수 있는 일은 우리가 이미 잘 알고 있는 바와 같습니다. 모난 정이 되지 않기 위해 최대한 대세를 거스르지 않는 것이 조직생활의 비법이라고 흔히들 말하지만, 우리는 아이히만의 경우에서 '생각하지 않는 일'의 무서움을 봅니다.

우리는 어떤 조직에 속해 있는 개인을 수동적 존재로 인식할 때가 많습니다. 이미 그렇게 정해졌고, 나는 그것을 따를 뿐. 불만이 있더라도 구태여 문제 제기하지 않고 체계에 순응하며 사는 존재로 말이죠. 아이히만 또한 강력한 규율이 지배하고 있는 나치라는 사회에서 자신을 깊게 성찰하지 못하고 주어진 임무에만 충실했던 수동적 존재였습니다. 그래서 명령에 따라 수많은 유대인을 아우슈비츠행 열차로 수송했지요. 스스로의 판단이 아니라 오로지 상관의 명령에 복종하기 위해 임무를 수행했다고 해서 아이히만이 무죄일까요? 그의 입장에서 생각하면 '하라는 대로 했는데 내가 왜!'라며 억울할 수 있겠지만 그는 분명 범죄자입니다. 역사적 사실로 알 수 있듯이 그의 행동으로 수도 없이 많은 유대인들이 죽고 고통받았으니까요. 그 많은 유대인들의 죽음에 책임이 있음에도 아이히만 자신은 아무런 죄책감 없이 나치 왕국의 충실한 일원으로 살아왔고, 이에 대해 떳떳하기까지 했다는 점이 아무리 생각해도 놀랍습니다. 인간이 어떻게 그럴 수 있는가 하는 의구심이 들지만, 아이히만의 행위의 근원에는 사유하지 않음, 바로 '무사유'가 자리 잡고 있었기 때문에 가능한 일이었지요.

무사유는 어리석음이나 무식함과는 다릅니다. 지능이 떨어지거나 지식이 부족한 게 아니고 옳고 그름을 판단하는 능력이 부재한 상태이지요. 자신의 행동에 대해 인지하지 못하는 생각의 무능은 곧 언어의 무능과 행동의 무능으로 이어지게 됩니다. 무사유로 인해 인간은 관계와 사회에 자발적으로 복종하는 한낱 나약한 존재로 살아가게 되는 것입니다. 악행을 저지른다는 것 자체를 모르기 때문에 여기에 저항할 이유도 없을 수밖에요.

아우슈비츠와 아이히만이라는 역사적 예를 들었지만, 이런 일들은 당장 지금의 현실에서도 충분히 일어날 수 있습니다. 악의 평범성이라는 것은 그야말로 얼마나 일상적으로 드러나고 있는지요. 학생들 사이에서 흔히 일어나는 따돌림 사건만 해도 그렇죠. 피해자를 직접 괴롭힌 사람은 물론, 이를 방관한 사람도 간접적인 가해자가 아닐까요? 피해자 학생에게 손을 내밀면 자신에게도 피해가 올까 봐 암묵적으로 그 악행에 동의하고 있는 셈이니까요.

개인이 그 집단에 소속되기 위해 지켜야 하는 암묵적 규율, 관행, 그리고 이를 따라야만 하는 분위기는 분명 존재하고, 이것은 개인을 억압합니다. 여기에 적응하지 못하면 도태될 것이라는 두려움, 내 자리를 지켜야 한다는 생각에 사로잡혀 윤리적 판단은 점차 설 자리를 잃게 됩니다.


## 생각하며 산다는 것

악이 평범할 수 있다는 것은, 악을 저지르는 사람이 정해져 있지 않다는 사실을 의미하기도 합니다. 이는 사회 구조에 순응하고 명령에 기계적으로 복종하는 것을 미덕으로 여겨 왔던 기존 문화의 영향도 있을 것입니다. 하지만 이제는 스스로가 어떤 일을 할 때, 그 행동이 자신의 관계망을 넘어 공동체에 어떠한 결과를 초래하게 될지에 대해 지속적으로, 깊게 사유하는 것이 중요합니다.

러시아 소속 군대의 일원으로 전쟁에 참여하는 사람들은 억울함을 토로할지도 모릅니다. 그들은 국가의 명령에 따랐을 뿐이라고 생각할 수 있지요. 하지만 국가와 국민 사이에 마치 주인과 노예처럼 복종 관계가 성립한다는 견해는 아이히만의 관점과 다를 바가 없습니다. 우리는 노예가 아닌 주권을 지닌 당당한 시민으로서 국가를 이끌어 가는 세력에 정치적 지지를 보내는 것일 뿐입니다. 그 세력이 잘못된 길을 선택하고 나아가려 한다면 개인의 목소리를 높여야만 하겠죠. 물론 큰 용기가 필요한 일일 테지만요. 시민 개개인이 사유의 불능에서 벗어나 적극적인 태도로 생각을 단련하여 공동체에 의견을 피력할 수 있어야만 진정으로 건강한 사회가 될 수 있을 겁니다.

아렌트가 비판한 사유의 불능에서 완전히 자유로운 사람은 세상에 없습니다. 하지만 자신의 신념과 행동을 꾸준히 반성하고 성찰하려는 노력은 그 누구라도 할 수 있습니다. 이후를 살아갈 세대들에게 우리는 생각하지 않고 되는 대로 살아가는 인생은 자신뿐만 아니라 사회에 해악을 미칠 수 있다는 점을 보여 주고 또 말해 줘야 합니다. 그것이 어른으로서 최소한의 책임일 테니까 말이지요.

우리는 살아가면서 수많은 선택을 하게 됩니다. 나도 모르는 사이에 내가 선택한 결과가 타인과 사회에 해악이 되기도 할 겁니다. 인간인 이상 모든 것을 알 수 없고, 미래를 예측할 수 없는 불완전한 존재이지만 우리는 우리의 불완전성을 인정하고 끊임없이 생각해야 합니다. 무사유를 경계하고 타인에게 공감해 나갈 때, 조금 더 나은 세상을 만드는 일을 하고 있다고 생각해도 좋을 겁니다. 악은 생각보다 더 넓은 외연으로 우리의 일상에 자리하고 있지만, 그것을 알고 경계하는 이상 다른 선택을 할 수 있을 테니까요.

## 더 생각해 보기

『생각한다는 것』이라는 책에서 저자는 철학자 데카르트의 '나는 생각한다, 그러므로 나는 존재한다'라는 유명한 말을 '나는 생각한다, 그러므로 나는 존재하지 않는다'라는 말로 각색하며 생각한다는 행위 자체에 대한 통찰을 보여 주고 있습니다. 즉 내가 가진 개념과 습관으로부터 벗어나 생각할 수 있을 때 진정한 자유를 느낄 수 있다는 것이죠.

'왜'라는 되물음 없이 그저 시키는 대로 따르는 행동이 무서운 결과를 초래한다는 것은, 비단 아이히만의 사례가 아니더라도 종종 목격해 왔지요. 생각이 없다면 우리도 언제든지 악마로 변할 수 있습니다.

결국 우리에게 필요한 것은 남에게 과시하기 위해 앵무새처럼 읊어 대는 지식이 아니라 생각하는 힘입니다. 이는 교사로서 아이들에게 어떠한 교육을 해야 하는지에 관해서도 많은 생각을 하게 합니다. 공장에서 찍어 내는 물건처럼 똑같은 교육보다는 깊이 생각하고 그 생각의 방향을 좀 더 옳은 쪽으로 이끌어 갈 수 있도록 하는 교육이 필요하겠지요. 생각한다는 것은 간단하게 정의할 수 없는 많은 의미와 힘이 내포된, 인간만의 고유한 행위입니다.

아이들은 자꾸 어려운 질문을 한다

# '산타는 없다'는 것을
# 아는 나는 있다

— 나는 생각한다, 고로 존재한다

## 질문이 시작되는 순간

매년 12월이 되면 어김없이 크리스마스가 기다려진다. 부모님께 용돈도 받고, 가족과 함께 우아한 레스토랑에 가서 맛있는 음식도 먹기 때문이다. 나보다 내 동생이 크리스마스를 더 기다리는 것 같다. 며칠 전부터 자꾸 자신이 산타 할아버지한테 선물을 받을 수 있냐며 물어본다. 당연히 없는 산타 할아버지를 내 동생은 아직 있다고 믿는다. 매번 자신이 원하는 선물을 받는 게 이상하지도 않나? 엄마, 아빠가 몰래 너의 머리맡에 놓은 거라고 말하고 싶었지만 그럴 수 없었다. 순진한 내 동생의 동심을 깨고 싶지 않기 때문이다. "엄마, 아빠는 왜 나중에 다 들통날 거짓말을 해요?" 나의 질문에 부모님께서는 산타클로스가 없다는 사실을 증명해 보이라고 하셨다. 나는 당연한 걸 뭘 증명까지 해야 하느냐고 반문했다. 그런데 이상하다. 산타클로스가 존재하지 않는다는 사실을 왜 나는 당연하게 받아들이고 있는 거지?

### 현실일까, 꿈일까?

'산타클로스는 없다'는 명제를 어떻게 참이라고 증명할 수 있을까요? 내가 여태껏 보지 못했다는 경험적 사실만으로,

산타클로스가 존재하지 않는다는 사실을 입증했다고 볼 수는 없습니다. 살면서 100만 달러를 본 적은 없지만, 우리가 본 적이 없다고 100만 달러가 존재하지 않는다고는 할 수 없는 거니까요.

우리는 무엇인가가 확실한 진리냐고 묻기 전까지는 그것을 별 문제의식 없이 진리로 받아들이고 사는 경우가 많습니다. 대표적인 예가 꿈입니다. 지금 이 글을 읽고 있는 여러분이 꿈을 꾸고 있는 게 아니라 현실 속에 있다고 어떻게 확신할 수 있을까요? 우리는 종종 꿈을 꿉니다. 때로는 꿈속 기억이 너무 생생한 나머지 얼마간 정신을 못 차리고 꿈을 현실처럼 느끼기도 합니다. 소스라치게 놀라서 깰 때도 있습니다. 반대로 일상에서 맞닥뜨린 광경에 놀라 볼을 꼬집으면서 '꿈이야, 생시야?'라고 물어보기도 합니다. 만약 꼬집었을 때 아픔이 느껴진다면 방금 전 자신이 겪은 일은 꿈이 아닌 것으로 간주됩니다.

그런데 정말 그럴까요? 우리는 감각에 의존해서는 결코 참된 사실에 도달할 수 없습니다. 오감에 의한 진리 인식은 불완전함에도 불구하고, 평상시 우리는 감각을 거쳐 사실 정보를 받아들입니다. 여러분들은 자신의 감각을 얼마만큼 신뢰하시나요? 나의 감각 경험만큼 완전한 것도 없다고 생각하나요? 그렇다면 그 근거는 무엇인가요? 지금 이 글을 읽는 여러분이 혹시 꿈을 꾸고 있는 건 아닐까요? 아니라고 확신할 만한 근거는 없습니다. 일부러 몸을 만져 보면서 자신의 존재를 확인하려는 분도 있을 텐데요. 그렇더라도 고작해야 지각의 차원에서 불완전한 정보를 수용하는 것일 뿐입니다. 만약 어떤 악령이 나로 하여금 그렇게 지각하게끔 했을 수 있다고 생각해 본다면, 감각에 의존한 믿음은 환상일지 모릅니다.

실제로 우리는 감각에 속곤 하지요. 예를 들어서 눈에 보이는 태양의 이동은 우리를 지구가 돈다는 사실로부터 더 멀어지게 합니다. 역사적으로 오랜 기간 동안 인류는 천동설을 진리라고 믿었으니까요. 우리는 우리 감각이 따라가는 대로 사물이나 사태를 이해하려는 경향이 있습니다. 만약 우리가 지구 밖으로 나가서 지구와 태양을 관찰했더라면 달랐겠지요. 이처럼 오감에 의한 경험은 오류를 범할 수 있습니다. 또 오류인지 아닌지조차 명석판명하게 밝힐 수 없는 것입니다.

완전한 경험이란 현실에서 불가능합니다. 불교 경전인 『열반경』의 한 일화도 이를 잘 보여 줍니다. '맹인모상'(盲人模象)은 '장님이 코끼리를 만지다'라는 뜻인데요, 이야기는 이렇습니다. 인도의 한 왕이 진리에 대해 말하면서 신하에게 코끼리 한 마리를 데려오게 한 후, 여섯 명의 장님에게 손으로 만져 보라 하죠. 그리고 장님들은 각자의 경험에 근거하여 코끼리에 대해 묘사할 수밖에 없었지요. 결국 이들은 상대방이 틀렸다며 자신의 주장을 굽히지 않았습니다.

이 우화가 의미하는 것이 무엇일까요? 바로, 자신의 경험을 진리로 주장하는 태도를 비판하는 것이겠지요. 우리는 시각이나 촉각을 통해 받아들인 정보만으로는 어느 무엇도 완벽하게 파악할 수 없습니다. 이처럼 별 의심 없이 눈앞에 펼쳐진 세계를 전체라고 생각하거나 확고부동한 진리로 받아들이는 것은 오류이며, 외부 사물에 대한 지식을 감각이 아니라 정신으로부터 얻어야 한다고 말한 사람이 있었으니, 바로 데카르트입니다.

## 데카르트와 방법적 회의

서양 근대철학의 출발점에 서 있는 철학자 데카르트는 인간이 명석판명한 진리에 도달하기 위해, 신체감각에 의존한 경험을 회의해야 하며 순수 정신 활동으로 나아가야 한다고 주장했습니다. 그는 정신과 물질을 분리하는 이원론적 입장을 지지하는 철학자입니다. 그의 저서 『방법서설』에는 올바른 사유 활동을 위해 필요한 규칙들이 제시되어 있는데요, 확실한 진리를 찾기 위해서, 데카르트는 무엇보다 우리에게 가능한 모든 것을 의심해 볼 것을 주문합니다. 이성의 판단을 방해하는 감각이나 감정은 일체 배제한 채 말입니다. 왜냐하면 데카르트는 인간이 의심 가능한 모든 신념, 감각 경험을 제거하고 난 후에야 전혀 의심의 여지가 없는 진리에 도달할 수 있다고 보았기 때문입니다.

진리 탐구를 위해 가능한 한 전부를 의심의 대상으로 삼는 것—이 과정은 더 이상 의심할 수 없는 확실한 진리를 찾기 위한 출발점입니다. 데카르트는 이를 '방법적 회의'라고 부릅니다. 단순히 의심을 위한 의심이 아니라, 내가 이미 알고 있다고 여겨지는 것에 대해 의심함으로써 참된 앎을 추구하는 것이죠.

방법적 회의를 거치지 않아 명석판명한 사실이 아닌 것은 의견에 가깝습니다. 그런데 인간은 그것이 불확실하다는 것을 알면서도 마치 사실처럼 여기고 별 의심 없이 행동할 때가 있습니다. 산타클로스가 한 예입니다. '산타클로스의 실재'를 주제로 아이와 이야기를 나눈다고 할 때, 어떤 어른도 산타클로스의 존재를 직접 증명해 보일 수는 없습니다. 하지만 그 반대도 마찬가지입니다. 아이의 의심 자체를 무마시킬 정도의 근거를 댈 수 없기 때문입니다.

사실, 부모가 산타 할아버지를 대신해서 선물을 주었다는 사실을 아이에게 고백하는 것만으로는 산타클로스의 비존재를 증명했다고 보기에 무리가 있습니다. 거기서는 어디까지나 그동안 부모가 자행했던 '가짜' 산타 행세만이 사실로 드러날 뿐입니다. '진짜' 산타는 아직 만나 보질 못한 거잖아요. 더구나 '진짜' 산타 할아버지의 존재는 1년 동안 정말 착하게 지내야만 확인할 수 있지요. 과연 이것을 증명할 수 있을까요? 감각 경험으로는 불가능하다고 봐야 합니다.

만약 아이와 산타클로스의 존재 유무에 관하여 이야기

할 때, '산타클로스는 없다'로 대화가 종료된다면 아이는 실망감을 감추지 못할 것입니다. 더욱이 엄마, 아빠가 자신에게 오랫동안 거짓말을 해왔다는 사실에 충격을 받을 수도 있어요. 거짓말은 나쁜 짓이라며 절대 하지 말라고 했던 부모님이 자신에게 거짓말을 한 셈이니까요. "너의 순수한 마음, 동심을 깨고 싶지 않았다"는 말로 어찌저찌 신뢰를 지킬 수 있을지는 몰라도 정작 아이의 생각하는 능력이 자라나기를 기대하기란 어렵습니다. 우리는 더 좋은 방식으로 접근해야 합니다. 산타클로스가 준 선물에 대해서 있는 그대로 말해 주되, 아이를 한 단계 더 높은 수준의 사고로 이끄는 게 중요하다고 봅니다. 그런 의미에서, 만약 아이가 산타클로스의 존재를 의심한다면 올바른 인식을 위한 출발점에 들어섰다고 봐야 합니다.

## 나는 생각한다, 고로 존재한다

의심이 들었다면, 이제 불완전한 인간이 더 이상 의심할 수 없는 명석판명한 앎에 어떻게 이를 수 있는지가 관건입니다. 모든 것을 의심할 때조차 너무도 자명하며 도저히 의심할 수 없는 게 있다면 무엇일까요? 바로 '사유하고 있는 나'의 존재라는 사실입니다. 내가 어떤 무엇에 대하여 참 또는 거짓이라고 생각하는 동안에도, 행여 그 생각이 잘못되었을 지언정, 생각하는 나는 필연적으로 존재할 수밖에 없으니까요. 이것은 그 자체로 진리인 명제입니다. 여기서 데카르트가 도출한 명제가 바로 그 유명한 "나는 생각한다. 고로 존재한다"입니다.

그 밖에 우리가 흔히 알고 있는 대수학이나, 기하학 같은 학문 역시 확실하면서도 의심할 수 없는 세계입니다. 예를 들어 삼각형의 세 각의 합이 언제나 180도라든지, 정사각형은 네 변의 길이가 늘 같다든지 하는 사실 말입니다. 이러한 명제는 내가 잠을 자고 있든 깨어 있든지 간에 변함없이 명백한 진리로 남아 있습니다. 결코 우리의 경험에 의해 왜곡될 수 없는 확실한 관념인 셈입니다.

데카르트는 이렇게 감각이나 경험에 의해 획득된 관념이 아니라, 태어날 때부터 이미 인간 안에 내재되어 있는 관념을 '본유관념'이라고 부릅니다. 그에 따르면, 인간은 방법적 회의를 통해 찾아낸 본유관념을 토대로 정신 활동에 참여합니다. 그리고 정신 활동에 의해서 또 다른 진리 명제들을 연역해 낼 수 있습니다. 삼각형의 내각의 합이 180도라는 사실을 이용하여 사각형은 360도, 오각형은 540도라는 사실을 차례로 증명해 보일 수 있듯이 말입니다.

그런데 우리는 수학을 접할 때와는 다른 방식으로 일상을 살아갑니다. 안타깝게도 그 과정에서 너무도 쉽게 인식의 오류를 범하곤 합니다. 흔히, 오류는 인식과 판단의 범위보다 의지가 더 확장될 경우에 발생합니다. 인간은 어떤 일에서 의지가 이성보다 더 넓게 열려 있을 때, 의지를 이성의 한계 안에 가두기보다는 오히려 인식하지 못한 것으로까지 확장시키려 하기 때문입니다. 쉽게 말해서 인간의 자연적 경향성, 못된 습관에 밀려 참된 인식을 이끄는 이성의 활동이 방해를 받는 것입니다. 의심하는 사람, 즉 생각하는 사람은 이러한 사실을 자각한 사람입니다.

## 명석판명한 진리를 향하여

우리는 자신의 본성이나 의지가 어느 한쪽을 참이라고 규정하려 해도 그것은 어디까지나 추측에 불과할 뿐, 그 반대쪽이 참일 수 있다는 여지를 여전히 남겨 두어야 합니다. 명석판명한 진리라는 확신이 들 때까지 가능성은 모두 열려 있어야 합니다. 그런데도 우리는 해묵은 선입견이나 편견에 사로잡혀 진리를 발견할 기회를 놓쳐 버립니다. 마치 오래된 습관들이 우리 마음에 들어와 의심의 틈을 주지 않는 것과 같습니다. 어떤 사태에 대해서 무엇이 참이고 무엇이 거짓인지를 명확하게 지각하지 못할 때는 판단을 보류해야 합니다. 이러한 처신은 당장에 진리는 식별하지 못할지라도 최소한 우리가 그릇된 선택을 하지 않도록 도와줍니다.

　또한, 오류를 방지하기 위해서는 무엇보다도 올바른 인식이 의지보다 우위에 있어야 합니다. 의지가 고삐 풀린 망아지처럼 무한히 열려 있는데도, 그 사실을 인지하지 못하고 의지에서 비롯된 의견을 객관적 사실인 것처럼 착각하는 태도는 위험합니다. 산타클로스의 존재 문제만이 아닙니다. 정치적 문제와 관련하여 사람들은 어떤 객관적인 사실이 확인되기도 전에 자신의 의견이나 신념이 강하게 개입되어 한쪽의 입장을 편드는 경우를 많이 봅니다. 정작 본인은 그런 줄도 모르면서 말입니다. 이런 사람들이 많은 사회에서 상식에 의한 정치 행위나 민주적 의사결정을 기대하기란 무리입니다.

흔히 극성 지지자들의 입김에 따라 정책이 결정되는 경우를 경계해야 합니다. '팬덤정치'라고 하지요? 특정 정당이나 인물을 강력하게 지지하는 사람들의 의견이 관철되는 과정에서 다수의 상식적인 의견까지도 무시되기 일쑤입니다. 혹시 여러분은 어떤가요? 잘못된 의견임에도 '팬덤'에 빠져 사실을 보려고 하지 않는 것은 아니겠지요? 그런 사람은 어느 순간 자신의 강한 의견이 신념으로 바뀌어, 포기할 수 없는 사실로 받아들여지는 지경에 다다릅니다. 데카르트의 말을 따라, 어떠한 판단을 내릴 때 지성이 맑고 또렷하게 보여주는 데까지만 의지가 확장되도록 묶어 둔다면, 우리가 오류를 범하는 일은 결코 없을 겁니다.

## 더 생각해 보기

데카르트는 『성찰』에서 우리의 판단이 오류에 빠지지 않고 명석판명한 진리에 도달하기 위해서 끊임없이 의심하기를 요구합니다. 그는 우리가 아무리 의심하려 해도 도저히 더 의심할 수 없는 확실한 원리를 토대로 체계적인 학문을 구축하려고 하였습니다. 내가 참이라고 여겼던 생각에 갑자기 의문이 들거나, 자신의 오래된 의견이 습관처럼 굳어져 그것을 어느새 사실처럼 여기고 있는 건 아닌지 의심해 본 적이 있는 사람이라면 데카르트의 『성찰』을 읽어 보세요. 입문자라면 『성찰-모든 것을 의심하며 찾아낸 생각의 신대륙』을 통해서 조금 더 쉽게 데카르트의 '방법적 회의'에 다가갈 수 있습니다.

# 어째서 내일도 해가 뜨는 거지?

## ─ 귀납적 사고와 상상력

### ● 질문이 시작되는 순간

지구는 자전축을 중심으로 하루에 한 바퀴씩 돈다. 그래서 지구에서 태양을 바라보는 쪽은 낮이고, 반대쪽은 햇빛이 도달할 수 없어서 밤이 된다. 내가 전혀 느끼지 못하고 있는데, 이런 생각을 하는 지금 순간에도 엄청나게 큰 지구가 돌고 있다니 정말 신기하다. 그런데 어느 날 갑자기 지구가 멈춘다면 어떤 일이 벌어질까? 그렇게 되면 내가 서 있는 이곳은 낮만 있거나 밤만 있겠지? 나는 밤보다 낮이 좋은데. 친구들은 나의 기막힌 상상에 말도 안 되는 헛소리라며 비웃었다. 그치만 그럴 수도 있지 않나? 자기들은 지구가 멈추지 않을 거라고 어떻게 장담할 수 있지?

### 경험과 추론

인간은 기존에 자신이 경험한 바에 비추어 신념을 형성하기도 하고 아직 경험하지 않은 유사한 상황을 예상하기도 합니다. 예를 들어 당구공을 생각해 봅시다. 당구공 A를 쳐서 그것이 멈춰 있던 당구공 B에 부딪히면 당구공 B가 움직이게 됩니다. 여기서 우리는 두 당구공 사이에서 인과 관계를 추론할 수 있습니다. 그런데 추론의 결과로 우리는 두 당구 공이 필연적으로 결합하고 있다는 일종의 신념을 얻게 됩니 다. 아직 움직이지도 않았는데, 하나의 당구공이 다른 공을 향해 갈 때 잠시 후 충돌이 일어나고, 그 충돌로 인해 다른 공이 움직일 거라고 믿어 버리는 것은 인간의 인과적 신념 때문입니다. 즉, 하나의 사건을 지각했을 때, 인과적으로 연 관되어 있다고 믿고 있는 다른 하나의 사건이 연이어 발생 할 것이라고 자연스럽게 예상하는 겁니다.

여러분이 쉽게 알고 있는 또 다른 예가 '오비이락'(烏飛 梨落)입니다. 시간적으로 앞에 일어난 사건 '까마귀 날자'를 원인, 뒤에 일어난 사건 '배 떨어진다'를 결과로 인식하는 것 입니다. 이 둘 사이에 시간적, 공간적으로 근접해서 일어났 다는 것 외에는 별다른 관련성이 없다 하더라도 말이지요. 서로 다른 두 사건에서 뚜렷한 전후 관계를 발견할 수 없는 데도 불구하고, 인과적 관계가 있다고 생각하게 되는 이유 는 무엇일까요? 바로 두 사건이 시간적으로 인접해 있기 때 문입니다. 우리는 반복적으로 유사한 상황을 더 많이 경험 할수록, 하나의 사건을 지각했을 때 항시적으로 따라다니는 나머지 다른 하나의 사건이 당연히 발생할 것을 믿게 되는 겁니다.

우리가 지닌 원인과 결과의 관념은 경험에서 유래합니 다. 경험을 통해서 인간은 모든 과거의 사례들 가운데 특정 대상들이 서로 항상 연결되어 있다고 받아들이는 경향이 있

아이들은 자꾸 어려운 질문을 한다

습니다. 또한 인간은 직접 관찰하지 못한 사건이라고 할지라도, 이전에 자신이 경험한 사건과 유사하리라는 신념에 근거하여 판단을 내리는 습성이 있습니다. 하지만 두 대상이나 사건 사이의 인접성, 유사성, 인과성을 이유로 개연적인 일을 필연적인 일로 받아들이는 데에는 치명적인 오류의 가능성이 존재합니다.

우리는 내가 경험했던 대상, 관찰의 결과로부터, 내 경험을 넘어서 있는 사건들에 관해 그 어떤 논리적 정당성도 부여할 수 없습니다. 하나의 관념에서 다른 관념으로의 전이는 이성보다는 상상력의 발로라고 보는 것이 타당할 것 같습니다. 우리의 마음 안에 일종의 신념으로 자리 잡은 논증에 대해 정당성을 입증할 수는 없는 노릇입니다. 어떠한 논증이 뒤따르더라도 귀납적 사고의 한계를 벗어날 수 없기 때문입니다.

태양이 뜨는 것도 마찬가지 아닐까요? 수만 년 동안 태양이 매일 떴기 때문에 내일 또 태양이 뜰 거라는 생각은 인간 본성의 귀납적 사고의 결과라는 것 외에는 별달리 설명할 재간이 없습니다. 지구가 자전을 멈출 수도 있다는 가상의 시나리오를 과학자들이 객관적 근거를 토대로 이야기했을 때, 그것이 당장 내일이 아니라고 어떻게 확신할 수 있을까요? 여기에 의문이 든 사람은 귀납 추론, 유비 추론을 토대로 갖게 되는 그 어떤 신념에 대해서도 확고한 정당성을 주장하기 어렵다는 점을 막연하게나마 인식한 것입니다.

역사적으로 눈이 전혀 내리지 않은 나라에서 살아왔고, 실제로 눈을 한 번도 경험하지 못한 사람이라고 하더라도 그것은 어디까지나 과거의 경험일 뿐입니다. 그 경험들로부터 앞으로도 눈이 올 일은 절대 없다고 단정 짓기는 어렵지요. 미래는 아직 경험하지 않은 시간입니다. 그러므로 "우리나라에는 눈이 오지 않아"라고 말하는 것은 이성이 작용했다기보다는 신념에 가깝습니다. 엄밀한 의미에서 사실을 말하고 싶다면 "우리나라에는 지금까지 눈이 온 적 없어"라고 말해야겠지요.

영화 「바람과 함께 사라지다」에서 주인공 '스칼렛'의 마지막 대사는 사람들에게 유독 깊은 인상을 남겼는데요. 바로 "Tomorrow is another day"입니다. 직역하면 "내일은 또 다른 날이야"이지만, 한국어로 더빙된 영화를 보면 "내일은 내일의 태양이 뜰 거야"로 번역되어 있습니다. 삶을 바라보는 적극적인 태도와 희망을 은유적으로 표현한 말로서는 더할 나위 없지만, 결국 이 말도 논리적으로는 한계를 지니고 있습니다.

## 데이비드 흄의 인상과 관념

영국의 경험주의 철학자 데이비드 흄은 인간이 지식을 얻는 과정에서 작용하는 마음을 탐구했습니다. 그는 우리가 사실

아이들은 자꾸 어려운 질문을 한다

이라고 여기는 관념은 그에 앞서 경험한 인상으로부터 나온다는 견해를 피력했습니다. 즉, 인간의 본질을 경험에서 비롯되는 인상과 인상이 만들어 내는 관념들이 모여 이루어진 일종의 '지각의 다발'로서 설명합니다.

흄에 따르면, 경험과 지식 사이에는 절대적 관련성이 없습니다. 인간의 경험 지식을 이끌어 내는 인과성의 관념은 마음의 습관에 따른 신념에 의존하고 있습니다. 우리가 필연적이라고 부르는 사건들도 그의 회의론적 방법론 앞에서는 개연적인 것이 되고 맙니다. 개인의 신념은 관념이 강화된 상태로 볼 수 있는데요. 모든 관념은 그에 앞서 있는 인상으로부터 나옵니다. 인상이란 우리가 무엇을 보고, 듣는 등의 감각적 경험에서 주어지는 생생함을 특징으로 합니다.

인상은 인간의 마음속에 정념, 감정과 같은 형태로 자리 잡습니다. 내가 경험한 대상을 기억 어딘가에 저장해 두었다가 다시 떠올리게 될 때가 있습니다. 이때 기억의 대상들은 관념이 됩니다. 인상이 모여서 판단의 근거가 되는 관념을 형성하는 거지요. 그런데 경험한 대상과 그것에 대한 기억에는 차이가 있습니다. 실제로 경험한 것은 우리에게 생생한 인상을 주는 반면에, 경험을 토대로 재차 떠올리게 된 관념은 인상만큼 생동감이 있지는 않지요. 그런 면에서 우리가 가진 관념은 인상의 모사품입니다.

인간이 본유적으로 어떤 관념을 갖고 태어났다고 보기는 어렵습니다. 지금 뱀 한 마리를 떠올려 봅시다. 아마 각자의 마음속에 떠오른 뱀의 모습은 제각각일 겁니다. 이것은 우리가 경험한 뱀의 인상이 모두 다르기 때문입니다. 그런데 뱀을 한 번도 보지 못한 사람이라면 어떨까요? 뱀에 대한 관념을 가질 수 없습니다. 흄에 의하면, 경험하지 않고 관념을 가진다는 것은 불가능합니다. 오직 경험에 의해서만 하나의 어떤 것으로부터 다른 어떤 것을 추정할 수 있습니다. 그리고 경험을 통해서 인상은, 그것이 구체적으로 어떠한 인상이든지 우리에게 현존해 있을 때, 우리의 마음을 그것에 관한 관념들로 전이시킵니다.

어떤 행동이나 작용이 반복됨으로써 동일한 행동이나 작용이 다시 발생하는 성향이 생기는 이유는 습관의 관성 때문입니다. 우리는 마치 습관에 의해서 지금까지 익숙해진 대상들의 동일한 궤적을 미래에도 기대하도록 시스템화되었다고 할까요? 언뜻 생각하면, 과거를 미래로 옮겨 가는 이런 습관이나 결정은 충분하고 완전해 보입니다.

그런데 우리가 과거 경험에 의존하여 미래를 예상하지만, 미래가 그러한 예상과 항상 일치하는 것은 아닙니다. 예를 들어서 귤 상자에서 꺼내 먹은 여러 개의 귤이 모두 맛있다고 해서 나머지 귤의 맛을 보장할 수는 없지요. 조금 더 과장해서 표현하면 귤 상자에 귤이 단 한 개 남을 때까지 먹었던 모든 귤이 새콤달콤했을지라도, 남은 귤 한 개가 똑같이 맛있을 거라는 사실은 먹기 전까지는 증명될 수 없습니다. 만약 맛이 없다면 맛있을 거라는 자신의 기대에 자기가 속

아 넘어가는 꼴이지요. 그런데도 우리는 동일 관계의 사건을 반복적으로 경험하면서 이후에도 유사한 상황이 발생하리라는 필연적 연관의 인상, 즉 확고한 신념을 갖게 되는 것입니다.


## 거위의 미래

데이비드 흄은 거위를 예로 들어 귀납법의 한계를 설명했습니다. 농부의 보호를 받고, 농부가 주는 사료를 먹으면서 자라는 거위는 처음에는 농부가 낯설고, 그의 의도를 의심합니다. 하지만, 매일같이 사료를 가져다주는 농부에 거위는 의심의 눈초리를 버리고, 자신을 좋아한다고 생각합니다. 앞으로도 자신을 보호해 주고 사료를 줄 거라고 착각합니다. 그러나 이는 기대일 뿐입니다. 농부는 크리스마스 식탁에 올리기 위해 다 자란 거위를 잡습니다. 이렇듯 아무리 똑같은 개별 사실을 반복적으로 경험한다고 한들 그것으로부터 보편타당한 진리를 도출할 수는 없습니다.

　우리에게 필연적 연관의 인상을 지니게 만드는 관념의 원천은 무엇일까요? 앞서 말씀드린 대로, 원인과 결과의 관념은 경험에서 유래합니다. 이러한 경험을 통해서 우리는 모든 과거의 사례들 가운데 특정 대상들이 서로 항시적으로 연결되어 있음을 느끼게 됩니다. 그러나 경험만으로 이 둘이 필연적으로 연관되어 있다는 인상을 낳을 수 없습니다. 인간의 마음이 어떤 대상의 관념이나 인상에서 다른 대상의 관념이나 신념으로 옮겨 가기 위해서는 상상력이 필요합니다. 필연성은 둘 사이의 유사성에 따른 추리나 귀납적 추론과 관련된 이성이 아니라, 상상력의 작용을 통해서 전이가 가능한 것입니다.

불꽃과 열을 떠올려 봅시다. 처음 불꽃을 경험한 사람은 불꽃과 열 사이의 필연적 관계를 인식하지 못합니다. 그러나 불꽃 주위에서 열이 나는 것을 몇 차례 경험한 뒤부터는 너무도 자연스럽게 이 둘을 짝 지어 생각하게 됩니다. 분절되어 존재하는 감각적 경험들 사이의 간극을 메워 주는 것이 바로 상상력입니다.

상상력은 눈앞에 대상이 없더라도 발휘됩니다. 어떤 대상에 대한 기억은 그 대상이 실제로 있었던 본래 형태를 최대한 유지하고 있습니다. 그래서 우리의 기억은 어느 정도 내가 기존에 갖고 있던 인상에 의존합니다. 이와 달리 상상력은 근원적 인상 따위에 전혀 얽매이지 않지요. 상상력은 관념들 사이의 차이를 지각하게 해줄 수도 있습니다.

## 상상의 힘

우리는 신념이 상상력에 생기를 불어넣을 뿐만 아니라, 생기 있고 강한 상상력은 모든 재능 가운데서도 신념과 권위를 낳기에 가장 적합하다는 사실에도 주목할 필요가 있습니다. 상상력은 인간의 사고 체계에 들어서고 나면, 비록 그 대상이 눈앞에서 사라지더라도 계속 진행되는 경향이 있습니다. 그래서 한편으로, 아무리 논리적인 언변으로 누군가를 설득하려고 해도 마음에 이미 강한 신념이 자리 잡은 사람을 설득하기란 쉽지 않습니다. 경험적 추론은 논변에 의존하는 것이 아닙니다. 실제로 많은 경우, 공상에 의해 산출된 생동성은 습관과 경험에서 발생한 생동성보다 훨씬 크게 작용합니다. 그래서 사람들은 다른 누군가의 생생한 상상력에 의해서 자신의 신념에 금이 갈까 불안해하기도 하고, 함께 있음에 불편함을 느끼며 서둘러 자리를 뜨기도 합니다.

우리는 보통 규칙적이고 반복적으로 경험한 일을 하나의 과학적 사실로 받아들입니다. 그렇기에 '과연 내일도 해가 뜰까?'라는 질문을 하는 사람은 엉뚱해 보이기 쉬울 텐데요. 내일도 해가 뜬다는 명제는 거짓일 가능성을 늘 품고 있습니다. 이것이 바로 귀납추리가 가진 맹점입니다. 내일도 과연 해가 뜰지 질문을 던지는 사람이라면 적어도 귀납적 추론의 오류 가능성을 인식했다고 보아야 합니다. 역설적으로 그런 사람이라면 상상력이 뛰어나다고 볼 수 있습니다.

이런 면에서, 상상력은 타인과의 관계 맺기에서도 중요한 역할을 합니다. 상상력은 정신적 심상만을 구상하는 능력이 아닙니다. 자신의 경험을 새로운 경험과 연결시킬 수 있고, 자신을 자신과 전혀 다르다고 생각되는 타인과 연결시킬 수도 있습니다. 이 세상에 나오는 전혀 상관없는 존재가 있을까요? 우리가 상상력을 발휘한다면 맺지 못할 관계도 없습니다. 상상력의 힘은 바로 여기에 있습니다.

아이들은 자꾸 어려운 질문을 한다

# 대화는 언어로만 하는 게 아니다

● **질문이 시작되는 순간**

미국에 사는 사촌들이 놀러 왔다. 한 명은 나랑 동갑이고, 한 명은 나보다 두
살 어리다. 한국말을 하기는 하는데 네 살 짜리 옆집 재하도 걔들보다는 말을
잘할 거다. 어떤 물건이 어디에 쓰이는지 모르고, 단어도 잘 모른다. 처음엔 나
랑 동갑인 사촌이 온다고 해서 엄청 기대했는데, 동갑내기랑 말도 안 통하고
둘이 똑같이 좋아하는 것도 별로 없어서 실망이 이만저만이 아니다. 그런데 오
히려 두 살 어린 사촌 동생은 나처럼 BTS를 좋아해서, 한국말을 잘 못하는데
도 둘이 대화가 너무 잘 되는 게 신기했다. 언어도 물론 중요하겠지만, 대화를
하고 서로를 이해하기 위해서는 우리가 공유하는 무언가가 있어야 한다는 것
을 깨달았다. 그렇다면 나는 전세계 BTS 팬들이랑 언어를 뛰어넘어 대화를 할
수 있는 걸까?

## 소통의 핵심은 언어

보통 사람들은 외국인과 만날 때 약간의 경계심을 갖게 됩
니다. 생김새와 문화의 차이도 있지만 결국에는 말이 잘 통
하지 않는다는 사실이 가장 큰 이유겠지요. 하지만 어린아
이들을 보면 서로 말이 통하지 않아도 금세 친해지며 함께
놀곤 합니다. 이처럼 아이들 사이에서는 다양한 형태의 소
통이 이루어지는데요. 과연 어떻게 언어를 뛰어넘어 대화가

가능한걸까요?

　사람들이 세상을 이해하고 다른 사람과 관계를 형성하는 데 중요한 역할을 하는 것은 바로 언어입니다. 우리는 주변의 사실을 표현할 때 언어를 사용합니다. 여러분들이 경험하는 모든 대상을 언어로 나타낼 수 있지요. 그래서 오스트리아의 철학자 비트겐슈타인은 언어를 가리켜 세상에 대한 그림 같은 존재라고 말합니다. 언어는 세계에 있는 사실을 그림처럼 서술함으로써 의미를 갖게 됩니다. 여기서 중요한 것은 실제로 존재하는 대상이나 사태에 대해서만 언급해야 한다는 것입니다. 그래야만 참과 거짓을 구분할 수 있으니까요.

　비트겐슈타인은 세계 속에 존재하지 않고, 경험할 수 없는 대상에 관해 우리가 쉽게 답하거나 설명해서는 안 된다고 말합니다. 즉 말할 수 없는 것에 대해서는 침묵해야 한다고 하죠. 말할 수 없는 것을 괜히 함부로 말할 경우에는 혼란과 거짓을 불러올 수 있다고 경고합니다. 비트겐슈타인은 기존의 철학적 논의에 관해서도 이와 같은 문제점을 지적하지요. 그런데 언어와 사실이 명확하게 일 대 일로 대응하는 내용에 대해서만 말해야 한다는 그의 생각은, 어느 순간 변하게 됩니다.

　그가 한 시골 마을로 내려가 초등학교 교사로 일할 때였습니다. 그는 그때 지역 주민들과 갈등을 겪었습니다. 비트겐슈타인의 관점에서 볼 때 그 마을 사람들의 언어생활은 지나치게 거칠었고 무지했지요. 말할 수 있는 것에 대해서만 말해야 한다는 그의 원칙은 그들에게는 다른 나라 이야기였습니다. 그러나 후에 비트겐슈타인은 그들의 언어생활이 지닌 고유 원리를 인정하고 존중할 필요가 있다고 생각했습니다. 그때부터, 논리적이고 과학적으로 설명할 수 있을 때만 언어가 의미를 가질 수 있다는 비트겐슈타인의 신념은 조금씩 다른 방향으로 흘러가기 시작했죠. 그는 자신의 이론이 제한적이고 이상적이라고 느꼈습니다. 사실 생각해 보면 '앗!'이라는 감탄사도 어떤 사태와 정확하게 대응할 수는 없으나 일상생활에서 그 의미를 충분히 전달할 수 있으니까요. 그래서 비트겐슈타인은 언어생활에 있어 이상이 아닌 일상에 주목해야 한다고 생각했습니다. 처음 만난 아이들끼리 소통이 금세 가능해진 것도 언어의 규칙에 초점을 두는 것이 아니라 일상을 함께 공유하기 때문입니다.

일상생활에서 언어는 항상 사용됩니다. 그래서 언어의 의미는 우리의 생활 방식과 밀접한 관계를 지닙니다. 삶의 맥락에 따라 달라질 수 있다는 말이지요. 예를 들어 친구가 나에게 '그 아이는 돌이야'라고 말했다고 해봅시다. 이 말은 맥락에 따라 여러 가지 의미로 해석될 수 있지요. 그 아이가 태어난 지 이제 막 일년이 되었다는 이야기일 수도 있고, 머리가 돌처럼 단단하다는 의미일 수도 있고, 때로는 학습 능력이 뛰어나지 않다는 뜻을 가질 수도 있지요. 이처럼 언어는 다양한 의미를 지닐 수 있으므로 맥락을 고려하여 진정한 의미를 파악하기 위해 노력해야 합니다.

누군가의 모든 말을 이해한다는 것은 매우 어려운 일입니다. 그 관계적 맥락이 불분명해서 가끔 혼란에 빠지는 경우가 있으니까요. 그래서 언어에 담긴 의미를 분명하게 알기 위해서는 말하는 사람의 생활 습관과 행동까지도 함께 고려해야만 합니다. 언어의 의미는 고정된 본질이나 개념의 형태로 존재하지 않고, 타인과 주고받는 소통의 과정에서 확보되는 것입니다. 언어는 언뜻 그 의미가 분명한 듯하지만 사실은 안개에 둘러싸여 있다고 볼 수 있어요. 우리는 말하는 사람의 의도와 맥락을 잘 파악하여 안개를 벗겨 낼 필요가 있습니다. 그래야만 의미를 명확하게 알 수 있습니다. 이처럼 언어와 그 언어가 뒤얽혀 있는 활동 전체는 일종의 게임이라고 볼 수 있습니다. 우리가 사람들의 생각을 분명히 알기 위해서는 언어 게임의 현장으로 직접 뛰어들어야 합니다.


언어는 게임이다

여기 요리사와 조수가 있다고 생각해 봅시다. 조수가 매우 숙련된 사람이라면 요리사의 손짓이나 표정만 보고도 필요한 도구나 양념을 건넬 수 있겠지요. 이와 달리 조수가 이제 막 들어온 신참이라면 많이 헤맬 겁니다. 요리를 완전히 망칠 수도 있을 거예요. 요리의 맛을 지키기 위해 요리사는 많은 설명을 아주 자세히 해야겠지요? 언어를 사용하는 것도 이와 마찬가지입니다. 상황에 맞는 쓰임이 중요하기에 그에 맞는 말을 서로 주고받게 됩니다. 비트겐슈타인은 언어에 의해 일어나는 이 상황을 게임이라고 말합니다.

언어 행위가 게임이라면 당연히 규칙이 필요합니다. 우리가 사용하는 언어에는 각자의 고유한 규칙이 있습니다. 그리고 언어 안의 낱말들은 규칙에 따라 움직입니다. 언어의 의미를 명확히 이해하기 위해서는 언어에 내재하는 규칙을 맹목적으로 배우고 따라야만 합니다. 만약에 주어진 규칙을 따르지 않는다면 그 언어가 통용되는 공간에서 삶을 제대로 영위할 수 없게 됩니다. 비트겐슈타인이 결국 시골 마을을 떠날 수밖에 없었던 이유도 그곳의 언어 규칙을 잘 따르지 못했기 때문이지요.

삶은 수많은 언어 게임들의 집합입니다. 다양한 상황 속에서 매우 복잡한 경우의 수들이 발생하며 게임이 진행되지요. 이 게임에는 나름의 규칙이 있고 게임에 참여한 이상 그 규칙을 지켜야만 합니다. 그런데 이 규칙이란 것은 모든 언어 게임에 동일하게 적용되는 것은 아닙니다. 장기도 바둑도 모두 게임이지만 그 규칙이 같지는 않으니까요. 게임은 게임이라 불리는 대상들 사이의 유사성에 의해 성립되는 개념입니다. 이것을 가족유사성이라고 합니다. 같은 부모에게서 태어난 자식들은 외양적으로 닮았습니다. 하지만 조금씩 차이가 있지요. 막연한 특성을 공유할 뿐 절대적으로 똑같을 수는 없습니다. 언어 게임도 마찬가지입니다. 언어들도 가족과 같이 유사성을 가지고 있지만 동시에 차이에 의해 서로 구별됩니다. 언어의 유사점과 차이점을 비교하며 일상에서 명확한 언어 게임을 하는 게 중요합니다.

우리는 자신만의 언어로 대상을 표현하고 상대와 소통하는 언어 게임을 끊임없이 진행합니다. 그 의미는 환경, 문맥, 상황에 따라서 달라지고 사용과 실천을 통해 파악할 수 있습니다. 즉 겉으로 드러나는 단어로서의 텍스트(text)보다는 문맥의 흐름을 나타내는 콘텍스트(context)가 중요합니다. 언어는 우리 삶의 흐름 속에서 생생하게 살아 숨 쉬는 존재니까요.


## 외계인과 소통할 수 있을까

해외에서 길을 물어봐야 하는 상황이나, 혹은 한국에서 길을 찾는 외국인을 만났을 때 언어가 통하지 않아 당황한 적이 있을 겁니다. 하지만 당황도 잠시, 곧 손짓, 발짓을 비롯해 온갖 방법을 동원하여 기본적인 소통을 하게 됩니다. 지구라는 공간에서 각자의 언어로 세상을 살아가더라도, 언어 게임은 가능합니다. 문화의 차이를 떠나 언어를 사용하는 인간으로서 기본적인 삶의 형태를 공유하고 있기 때문입니다. 그렇다면 과연 외계인과도 언어 게임이 가능할까요? 영화 「컨택트」는 외계인과의 만남으로부터 시작합니다. 어느 날 갑자기 둥근 찐빵처럼 생긴 우주선 12척이 나타나 지구 곳곳에 착륙하지요. 그리고 아무런 설명도 없이 18시간마다 작은 문을 열어 주기만 합니다. 각국의 과학자와 언어학자들은 설렘과 의문을 가득 안고 우주선 속에 들어가 독특한 외양의 외계인과 의사소통을 시도합니다. 하지만 그들의 언어를 전혀 이해할 수 없었죠.

TV나 영화 속에 등장하는 외계인들은 지구인과 전혀 다른 외형을 가지고 있습니다. 눈이 여러 개이거나 안테나 같은 뿔이 있기도 하고, 손가락이나 발가락의 모양도 다르지요. 신체 부위의 이름과 기능도 똑같지 않을 수 있습니다. 저는 눈이라고 부르지만, 그들에게는 숨을 쉬는 기관일 수 있고, 손가락이 사물을 보는 데 사용될 수도 있는 거니까요. 문화적으로도 언어나 문자 같은 게 아예 없을 수도 있습니다. 이와 같은 지구인과 외계인의 언어 차이는 결국 삶의 형태 차이로 이어지고, 극복하기 힘든 이질적 문화를 만들어 냅니다.

외계인과 제대로 된 언어 게임이 이루어지기 위해서는 언어가 지니는 유사성이 필요합니다. 언어의 유사성은 일정 부분 삶의 형태가 공유되어야만 만들어집니다. 사자가 아무리 말을 한다 해도 인간이 그 의미를 이해할 수 없듯이, 우리가 한 번도 본 적 없는 외계인과의 소통 또한 당연히 쉽지 않습니다. 소통은 삶의 형태를 공유하는 공동체 안에서 발생하는 상호 과정입니다. 그래서 영화 속 주인공은 자신의 모습을 그대로 드러내면서 그들과 소통하기 위해 노력합니다. 그리고 마침내 외계인들의 언어를 능숙하게 구사할 수 있게 되면서 의사소통이 가능해집니다. 하지만 이것은 어디까지나 영화적 상상력에 해당되는 이야기지요. 실제로는 훨씬 더 많은 시간을 함께하며 삶의 많은 부분을 공유해야만 합니다. 반려동물과의 의사소통 역시 마찬가지입니다. 그들을 집에 처음 데려왔을 때보다, 함께 많은 시간을 보낸 뒤에야 훨씬 다양하고 부드럽게 소통할 수 있게 되지요.

무엇을 가리키는 행위와 그와 동시에 일어나는 발화의 과정, 그리고 이 둘 사이의 관계를 하나의 의미로 해석하는 작업은 외계인과 지구인 사이에서는 아직 불가능에 가깝다고 생각합니다. 언어의 한계는 곧 세계의 한계를 의미하니까요. 그래도 먼 훗날 외계인을 만나 삶의 많은 맥락을 공유하게 된다면, 그들과의 대화도 조금씩 시작될 수 있겠지요?

아이들은 자꾸 어려운 질문을 한다

어떤 단어를 안다는 것은 무슨 뜻일까요? 우리는 영어의 desk를 책상으로, window를 창문으로 번역합니다. 이렇게 영어와 한국말이 비교적 쉽게 1:1로 대응되는 단어들도 있지만 문화적 차이에 의해 그렇지 않은 단어들도 있지요. 심지어는 우리말로 옮길 수 없는 단어들도 있습니다. 문화·환경·생활방식에 따라 언어와 그것이 지칭하는 의미는 다를 테니까요. 예를 들어 독일어에는 '샤덴프로이데'(Schadenfreude)라는 감정이 있습니다. 의미를 풀어쓰면 남의 불행이나 고통을 보면서 느끼는 기쁨 정도로 정의할 수 있습니다. 우리 문화권에 이것과 딱 들어맞는 단어는 없지요. 반대로 '한'(恨)이라는 감정은 우리 민족의 고유한 감정입니다. 샤덴프로이데나 한이라는 단어를 문자 차원으로 설명할 수는 있겠지만, 의미를 온전히 이해하기 위해서는 그 언어를 사용하는 문화적 배경까지도 함께 고려해야만 합니다.

# 스마트폰을 어떻게 써야 할까요?

● **질문이 시작되는 순간**

또 엄마한테 크게 혼났다. 학교에서 돌아오자마자 스마트폰만 했기 때문이다. 난 스마트폰이 좋다. 스마트폰은 정말 마법의 지팡이 같다. 내가 좋아하는 게임도 할 수 있고 재미있는 영상도 볼 수 있다. 그뿐만 아니라 원격 수업도 들을 수 있다. 그런데 엄마는 맨날 화만 내신다. 물론 나도 내가 스마트폰을 많이 사용한다는 것은 안다. 엄마는 몇 번의 경고와 함께 스마트폰의 문제를 계속 말씀해 주셨다. 시간도 빼앗기고, 건강도 나빠지고 심지어 내 정보까지 빼 간다고 했다. 다른 건 둘째 치고, 난 아무것도 가입 안 했는데 내 정보를 뺏긴다는 말은 이해가 잘 되지 않는다. 엄마 말에 무조건 동의할 수는 없다. 스마트폰으로는 할 수 있는 것도 정말 많고 굳이 컴퓨터를 활용하지 않아도 된다. 엄청나게 많은 일을 훨씬 빠르게 처리할 수도 있다. 난 내가 지금보다 주의하면서 쓰면 괜찮다고 생각한다. 앞으로는 노력해 봐야지.


스마트폰은 미디어다


현대인들에게 스마트폰은 뗄레야 뗄 수 없는 물건입니다. 지하철에서도, 밥을 먹을 때도 심지어는 화장실에 가서도 스마트폰과 함께하지요. 스마트폰이 사람들의 삶에 깊숙이 스며들면서 이용자들은 부지불식간에 노예가 되곤 합니다. 스마트폰과 함께 자라 온 이야기 속 아이도 스스로 절제하려 노력하지만 잘 안 되지요. 하지만 스마트폰의 입장에서도, 무조건 비난만 받는다면 조금 억울할 겁니다. 이미 우리 생활의 많은 부분에서 편리함을 제공하고 있으니까요. 이렇게 스마트폰, 인터넷 등은 인류의 역사에서 매우 중요한 의미를 지니고 있습니다. 캐나다의 미디어 이론가인 매클루언 역시 전달되는 메시지보다 매체가 지닌 특성 자체가 우리 사회에 더 큰 의미를 지닌다고 주장합니다.

텔레비전, 라디오와 등과 같이 대중에게 많은 정보를 전달하는 매체를 미디어라고 부릅니다. 미디어란 '매체'를 뜻하며 어원상 '둘 사이의 가운데'를 가리킵니다. 중간에서 어떤 것을 다른 곳으로 전달해 주는 역할을 하지요. 스마트폰 또한 다른 사람과의 통화나 문자가 가능하도록 중간에서 우리를 연결해 주고, 인터넷 등을 통해 다른 세상을 보여 주기도 한다는 점에서 미디어에 속합니다. 그런데 매클루언은 이보다 미디어의 범위를 훨씬 더 넓게 해석할 것을 제안합니다.

매클루언은 미디어가 방송 매체처럼 대상과 대상 사이를 연결해 주는 것을 넘어, 모든 유형의 인공물이나 철학, 과학 법칙, 이데올로기 등 무형의 인간 정신 산물까지 포함한다고 주장합니다. 즉 '인간의 확장'인 셈이죠. 예를 들어 자동차의 바퀴는 발의 연장이고, 옷은 피부의 연장이며, 전기 기술은 중추신경의 확장이라고 봅니다. 그렇다면 스마트폰은 눈과 귀뿐만 아니라 손까지 확장한 것이라고 볼 수 있겠지요?

## 미디어는 메시지다

누군가를 좋아할 때, 표현도 중요하지만 좋아하는 마음 자체가 훨씬 더 소중하다고 여길 수 있습니다. 형식보다는 그 속에 담긴 마음이 가치 있다고 생각하는 거지요. 그런데 어떤 내용을 전달할 때 표현과 형식은 간과할 수 없는 문제입니다. 조금 더 정성을 들인 선물과 편지가 좋아하는 마음을 효과적으로 드러낼 수 있으니까요.

일반적으로 미디어는 정보나 메시지를 전달하는 수단으로 취급됩니다. 이때 어떠한 미디어를 통해 전달하느냐는 매우 중요합니다. 미디어는 메시지와 관계없이 우리가 세상을 인식하는 방식에 영향을 줍니다. 내용을 넘어 미디어 자체가 우리에게 의미 있게 다가오는 것이죠. 그래서 인간은 미디어의 특성에 따라 내용을 받아들이게 됩니다. 스마트폰은 인터넷과 짝을 이루는 미디어입니다. 인터넷은 음악이나 이미지, 영상 등 모든 구미디어의 내용을 하나로 통합하고 있습니다. 그렇게 모든 미디어를 통합한 인터넷이 스마트폰이라는 또 다른 최종 버전의 미디어 형식을 통해 구현되는 것이죠.

미디어는 인간이 세계를 인지하는 감각과 매우 밀접한 관련이 있습니다. 그러므로 당대의 지배적 미디어가 어떠한 감각에 의존하고 있느냐는 시대의 문화를 알아보는 핵심 기준이 됩니다. 이는 인간의 의사소통 역사와 깊은 관련이 있습니다. 미디어에 따른 인간의 역사는 4단계로 구분할 수 있습니다.

첫 번째는 '구어 시대'(Oral Age)입니다. 원시 부족 사회에서는 글이 없었기에 오로지 말을 통해서만 자신의 마음을 전달할 수 있었습니다. 그리고 인간은 의사소통을 위해 오감을 모두 사용하려 노력했습니다. 이 시기의 인간에게 가장 중요한 감각은 청각이었습니다.

두 번째로 '문자 시대'(Literate Age)입니다. 이때부터 한자와 알파벳 등의 문자를 사용하게 되었습니다. 음성언어가 중심이 되었던 시대에 청각이 중요했다면 이제는 글을 읽기 위한 눈의 감각이 중요해졌지요. 하지만 아직 문자를 사용할 수 있는 사람이 소수였기 때문에 완전히 시각의 시대로 넘어가지는 않았습니다.

세 번째는 '인쇄 시대'(Gutenberg Age)입니다. 이 시대는 구텐베르크의 인쇄술과 함께 시작되었습니다. 활판 인쇄술이 발전하면서 대량 복제가 가능해졌고 이는 문자 사용의 확산으로 이어졌습니다. 그리고 인쇄술의 발달로 책이 중요한 매체가 되었죠. 그래서 인간의 경험을 시각이라는 단일 감각으로 환원하는 시각 중심주의가 자리 잡았습니다. 이에 인간의 경험은 선형적, 시각적인 논리에 의존할 수밖에 없었죠.

네 번째는 '전기·전자 시대'(Electric Age)입니다. 이 시대는 전자 및 무선통신 인터넷, 과학기술의 발달을 통해 세계를 하나로 이어 주었죠. 그래서 '지구촌'이 만들어졌습니다. 전기적 상호 의존성이 세계를 하나의 이미지로 재창조한 것이지요. 이를 계기로 세상 사람들이 마치 하나의 공간에 모여 사는 것처럼 변화하게 되었습니다. 게다가 스마트폰의 등장은 지구촌 내 심리적 거리를 더욱 가깝게 만들었지요.

매클루언은 인간의 감각이 균형을 이룰 때 인류가 하나가 될 수 있다고 생각합니다. 감각의 균형은 인간이 오감을 모두 사용할 때 가능해집니다. 그런데 원시 시대와는 달리, 인간은 시간이 갈수록 점점 단일 감각에 의존하였습니다. 특히 문자와 인쇄술의 발달은 인간을 오랜 세월 동안 시각의 독재 아래 놓이게 했지요. 하지만 스마트폰의 발달과 함께 우리는 보다 많은 감각을 활용하게 됩니다.

미디어가 인간의 확장이라는 표현은 결국 인간을 세계와 연결하는 감각의 확장이라는 의미입니다. 이는 스마트폰에도 그대로 적용됩니다. 스마트폰이 우리의 감각 능력에 가져온 변화를 구체적으로 살펴볼까요? 먼저 사람들의 손가락은 스마트폰의 매끄러운 강화 유리판의 감촉에 점점 더 익숙해지죠. 엄지손가락의 기능을 확장한 것입니다. 이렇게 스마트폰의 인터페이스는 시각을 바탕으로 하면서 청각과 촉각을 결합하고 있습니다.

인터넷이 뇌의 확장이라면 스마트폰은 거기에 더해 손가락과 다양한 육체를 확장하였습니다. 컴퓨터를 이용할 때는 신체가 키보드나 마우스라는 중간 매개자를 통해 인터페이스와 마주하였지만 스마트폰의 경우에는 화면에 나타나는 인터페이스와 손가락이 직접 만나지요. 손가락 끝으로 액정을 문지르면 화면이 바뀌고 또 명령이 실행됩니다. 이렇듯 인간의 감각은 새로운 감각 경험을 통해 그 영역을 확장합니다.


## 핫미디어와 쿨미디어

매클루언은 미디어를 '핫미디어'와 '쿨미디어'로 구분합니다. 이는 기본적으로 정보에 관여하는 인간의 태도와 방식의 차이에 의해 나뉜 것이죠. 먼저 핫미디어는 한 가지 감각에만 의존하는 매체입니다. 일단 하나의 감각에만 집중하기 때문에 정보의 밀도가 매우 높습니다. 그러나 밀도가 높은 만큼 이용자가 참여할 수 있는 여지는 줄어듭니다. 반면에, 쿨미디어는 동시다발적으로 여러 감각에 의존하는 매체를 가리킵니다. 쿨미디어는 감각이 분산되는 만큼 정보의 밀도는 낮지만, 이용자가 능동적으로 개입할 수 있는 여지를 가지고 있습니다.

핫미디어에는 책, 신문, 라디오, 영화 등이 있습니다. 그리고 쿨미디어에는 스마트폰을 비롯해 전화, 만화, 텔레비전 등이 해당됩니다. 먼저 감각의 차원에서 생각해 보면, 우

아이들은 자꾸 어려운 질문을 한다

리가 라디오를 들을 때는 온전히 청각에만 의지합니다. 이에 비해 스마트폰은 시각과 청각, 촉각 등 다양한 감각들의 집중이 요구됩니다. 여러 가지 감각을 사용하는 만큼 스마트폰은 라디오에 비해 보다 생생한 정보를 전달하는 효과를 갖습니다.

참여의 차원에서 보면, 핫미디어인 라디오는 일방적으로 정보를 제공하고 이용자는 단지 그 내용을 받아들이기만 합니다. 그리고 매클루언은 영화 또한 핫미디어로 보고 있습니다. 그는 작가나 영화감독의 일은 독자나 관객을 그들이 속해 있는 세계에서 다른 세계로 옮겨 놓는 것이라고 말합니다. 좀 더 극단적으로 얘기하면 현실 세계를 빼앗아 버리는 것이죠. 여기에는 영화관이라는 몰입도 높은 공간의 영향력도 어느 정도 있겠지요. 이에 반해 쿨미디어인 스마트폰은 이용자의 적극적인 참여가 수반되어야 합니다. 핫미디어는 주어진 정보만을 충실히 수용하기 때문에 인간을 수동적으로 만들기 쉽지만 반대로 쿨미디어는 인간을 능동적으로 활동하게 합니다.

마지막으로 주목할 점은 바로 핫미디어의 폭발적인 성향입니다. 핫미디어의 특성상 한 가지 감각에만 편향될 때 인간은 나르키소스와 같은 최면 상태, 즉 일종의 지각마비를 경험하게 됩니다. 이러한 상황에서 어떻게 탈출할 수 있을까요? 바로 특정 감각의 지배로부터 해방되어야 합니다. 즉 특정 감각이 지배하는 시대에서 벗어나 모든 감각의 조화와 균형을 회복할 수 있도록 노력해야 합니다. 앞으로 기술 또한 인간의 다양한 감각을 일깨우는 방향으로 진화할 거예요. 기술이 좀 더 발전하면, 스마트폰에서 후각까지 사용해야 할 날이 오지 않을까요?

미디어는 삶에 많은 영향을 미칩니다. 미디어가 발전하면서 삶의 방식도 점차 달라지고 있습니다. 특히 인터넷 통신 기술을 포함한 과학기술은 우리 일상생활의 속도와 패턴을 변화시킨 장본인입니다. 이러한 과학기술에 힘입어 전기 미디어는 공간과 시간에 대한 우리의 생각을 완전히 변화시켰습니다. 매클루언이 살아 있다면 스마트폰이 만든 변화에 놀라움을 금치 못했을 것입니다.

스마트폰은 몇 가지의 특정 감각들이 중심이 되어 의사소통 구조가 왜곡되었던 사회에 공감각적 요소를 적용하여 새로운 변화를 만들어 냈습니다. 새로운 시대의 개척자인 셈이지요. 그러니 스마트폰을 아이들을 게임만 하게 만들고 시간만 뺏는 골칫덩어리로만 볼 게 아니라, 미디어로서 갖는 의미에 대해서도 생각해 보면 어떨까요? 스마트폰의 가치는 그것을 사용하는 사람들의 의지와 역량에 달려 있으니까요.

2020년 9월에 공개된 영화 「소셜 딜레마」는 페이스북, 인스타그램 등 소셜 미디어가 사회에 미치는 악영향을 고발하는 다큐멘터리입니다. 우리가 잘 알고 있는 소셜 미디어 기업들은 수익을 내기 위해 이용자들의 주의력을 쥐어짜서 끊임없이 자사 서비스를 이용하며 광고에 노출되도록 유도하고 이 과정에서 이용자의 개인정보를 비롯한 이용 패턴을 수집하여 활용합니다. 최근에는 어른, 아이 할 것 없이 많은 사람들이 각종 소셜 미디어 서비스를 이용하고 있는데요. 기업들이 이용자들의 개인정보 수집을 반복하고 고도화하는 과정에서 여러 개인적, 사회적 문제를 일으키면서도 책임은 지지 않고 있다는 게 이 다큐멘터리가 전하는 메시지입니다. 소셜 미디어를 포함해 어떤 상품을 이용할 때 돈을 내지 않는다면, 그건 바로 여러분 자체가 제품이기 때문입니다. 세상에 공짜는 없어요. 소셜 미디어는 여러분의 정보를 광고주에게 넘기고 있습니다. 스마트폰을 사용할 때 우리의 에너지와 시간은 물론이고, 소중한 정보 역시 지켜야 하겠습니다.